똑같은 발음 끼리 모아 배우는

초등학생 소리별 영단어

똑같은 발음끼리 모아 배우는
초등학생 소리별 영단어

지은이	주선이
그린이	서수영
펴낸이	정규도
펴낸곳	(주)다락원
초판 1쇄 발행	2022년 12월 19일
편집총괄	최운선
책임편집	김가람
디자인	moon-c design

🦌다락원	경기도 파주시 문발로 211
내용문의	(02) 736-2031 내선 277
구입문의	(02) 736-2031 내선 250~252
Fax	(02) 732-2037

출판등록	1977년 9월 16일 제406-2008-000007호

값 13,000원

ISBN 978-89-277-4785-7 63740

http://www.darakwon.co.kr
다락원 홈페이지를 통해 인터넷 주문을 하시면 자세한 정보와 함께 다양한 혜택을 받으실 수 있습니다.

똑같은 발음 끼리 모아 배우는

초등학생 소리별 영단어

주선이 지음
서수영 그림

다락원

글자는 **소리글자**와 **뜻글자**로 나눌 수 있어요.

영어는 소리글자예요. 소리글자는 한글처럼 말소리를 문자로 나타낸 것을 뜻해요. 그에 비해 중국어는 뜻글자예요. 뜻글자는 그림을 글자 모양으로 시각화한 것으로, 글자 하나가 뜻을 내포하고 있어요. 소리글자를 사용하기 위해서는 처음에 글자가 가진 기본적인 소리 규칙을 배워야 해요. 마치 한글에서 'ㄱ'가 '그'로, 'ㄴ'가 '느'로 소리 나는 것을 배우는 것처럼요. 그래서 영어에서는 파닉스를 통해 알파벳이 가진 소리의 규칙을 배우는 거예요.

<소리글자>

글자	**B**	**C**
이름	비	씨
소리	[b/ㅂ]	[k/ㅋ] [s/ㅆ]

<뜻글자>

山

산 산

그런데 파닉스를 배워도 자주 헷갈리는 단어들이 있어요. 같은 소리를 가졌지만 뜻은 다른 단어가 있기 때문이죠. 바로 이런 단어들을 이 책에서 집중적으로 소개할 거예요. 한 번 알아볼까요?

자, 먼저 영어에서 가장 혼란스러운 Homonym을 소개할게요. Homonym에는 2가지 종류가 있어요.

Homonym

Homophone   Homograph

여기서 Homo(호모)는 the same(똑같은)이란 의미예요. 그렇다면 각각 무엇이 똑같다는 걸까요? 하나씩 살펴봐요.

Homophones(동음이의어)는 발음이 같지만 철자와 뜻이 다른 두 단어예요.

see
보다

sea
바다

Homograph(동형이의어)는 발음과 철자는 같은데 뜻이 다른 단어를 말해요.

right
오른쪽, 옳은

위의 단어들을 익힐 때는 '**소리로 구별(소리별)**하고, **뜻으로 구별(뜻별)**'하는 2가지 과정을 거쳐야 해요.
또한, 단어를 익힐 때는 발음과 철자, 문장 안에서 뜻을 살펴보는 습관을 기르는 것이 중요하죠.
<초등학생 소리별 영단어>에서 알려 주는 파닉스 규칙과 발음 기호를 단어와 함께 연결해 보면 쉽게
이해할 수 있을 거예요.
마지막으로 한 가지 약속할까요?
책에 나오는 영단어를 꼭 소리 내어 읽어 주세요. 그리고 책은 2번 이상 읽어 주세요.
<초등학생 소리별 영단어>를 통해 영어 단어를 배우는 것이 더욱 신나는 일이 되기를 바라요!

저자 **주선이**

5

이렇게 공부하세요!

초등학생 소리☆ 영단어는 4단계 학습으로 구성되어 있어요.

1 오늘의 소리☆

- 같은 발음을 가진 두 개의 단어를 비교해서 학습해요.
- QR 코드를 찍어 음성 파일을 통해 두 단어의 발음을 비교해 보세요. 파닉스 규칙도 함께 배워요.
- 단어는 큰 소리로 두 번씩 따라 읽어 보세요!

2 만화로 소리☆ 탐험!

- 만화 속 상황을 통해 앞서 배운 두 단어가 각각 어떤 상황에서 활용되는지 알아보아요.
- 따라 쓰기를 통해 writing 실력도 up!

3 퀴즈로 소리☆ 정복!

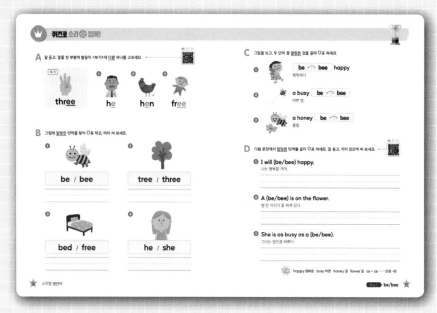

- 학습한 단어를 퀴즈를 통해 복습해 보아요.
- listening 문제부터 writing 문제까지 체계적으로 구성되어 있어요.
- 중간에 모르는 단어가 나왔다면 하단의 tip을 참고해 보세요.

4 쉬면서 복습하는 소리☆ 놀이터

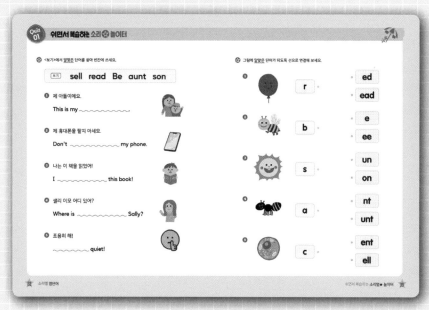

- 5일마다 종합 테스트를 통해 배운 내용을 점검할 수 있어요.
- 사다리 게임, 옷 입히기, 낱말 퍼즐 등 다양한 형태의 퀴즈를 통해 재밌게 풀어 나가 보아요.

☆ 자음

[b]	[d]	[f]	[g]	[h]
[ㅂ]	[ㄷ]	[fㅍ]	[ㄱ]	[ㅎ]
[j]	[k]	[l]	[m]	[n]
[이]	[ㅋ]	[ㄹ]	[ㅁ]	[ㄴ]
[p]	[r]	[s]	[t]	[v]
[ㅍ]	[뤄]	[ㅅ]	[ㅌ]	[vㅂ]
[w]	[z]	[ŋ]	[θ]	[ð]
[우]	[zㅈ]	[응]	[ㅆ]	[ㄷ]
[ʃ]	[tʃ]	[ʒ]	[dʒ]	
[쉬]	[취]	[ㅈ]	[쥐]	

✪ 모음

❶ 단모음

[æ]	[e]	[ɪ]	[a]	[ʌ]
[애]	[에]	[이]	[아]	[어]

[ə]	[ɔ]	[u]/[ʊ]		
[어]	[아]/[오]	[우]		

❷ 장모음, 이중모음

[aː]	[əː]	[iː]	[ɔː]	[(j)uː]
[아-]	[어-]	[이-]	[어-]	[우(유)-]

[aɪ]	[aʊ]	[eɪ]	[ɔɪ]	[oʊ]
[아이]	[아우]	[에이]	[오이]	[오우]

[ɛə]	[ɪə]	[ʊə]		
[에어]	[이어]	[우어]		

9

차례

효과적인 학습을 위해 쉬운 발음에서 어려운 발음 순서로
배울 수 있도록 차례를 구성했어요!

일차	발음 규칙	학습 단어	쪽수
Day 1	자음/ 단모음	be / bee	12
Day 2		cell / sell	16
Day 3		red / read	20
Day 4		sun / son	24
Day 5		ant / aunt	28
Quiz 01	쉬면서 복습하는 소리 ★ 놀이터		32
Day 6	장모음/ 이중모음 1	ate / eight	34
Day 7		sale / sail	38
Day 8		brake / break	42
Day 9		heal / heel	46
Day 10		week / weak	50
Quiz 02	쉬면서 복습하는 소리 ★ 놀이터		54
Day 11	장모음/ 이중모음 2	peace / piece	56
Day 12		tide / tied	60
Day 13		rode / road	64
Day 14		role / roll	68
Day 15		blue / blew	72
Quiz 03	쉬면서 복습하는 소리 ★ 놀이터		76

Day 16	장모음/ 이중모음 3	**by** / **buy**	78
Day 17		**die** / **dye**	82
Day 18		**wait** / **weight**	86
Day 19		**waist** / **waste**	90
Day 20		**chilli** / **chilly**	94
Quiz 04	쉬면서 복습하는 소리 ☆ 놀이터		98
Day 21	r의 영향을 받은 모음	**bear** / **bare**	100
Day 22		**fair** / **fare**	104
Day 23		**flour** / **flower**	108
Day 24		**hear** / **here**	112
Day 25		**board** / **bored**	116
Quiz 05	쉬면서 복습하는 소리 ☆ 놀이터		120
Day 26	묵음	**hole** / **whole**	122
Day 27		**hour** / **our**	126
Day 28		**knight** / **night**	130
Day 29		**know** / **no**	134
Day 30		**right** / **write**	138
Quiz 06	쉬면서 복습하는 소리 ☆ 놀이터		142
Check Check	뜻만 다른 뜻☆ 단어		144
Check Check	헷갈리는 사이트워드		148
정답			150

be

되다, 있다

bee

벌

오늘의
소리 ☆

[biː / 비-]

두 단어가 왜 같은 발음인지 알아봐요.

🔊 01-12

be

b는 [b/ㅂ]로 발음해요.
단모음 **e**는 보통 [e/에] 소리가 나지만
***be**의 **e**는 길게 [iː/이-]라고 발음해요.

e [iː/이-]

he [hiː/히-] 그

she [ʃiː/쉬-] 그녀

e [e/에]

bed [bed/베드] 침대

hen [hen/헨] 암탉

bee

ee는 길게 [iː/이-]로 발음해요.

ee [iː/이-]

free [friː/ᶠ프뤼-] 자유로운

tree [triː/ㅌ뤼-] 나무

three [θriː/ㅆ뤼-] 3, 셋

밑줄 친 우리말에 알맞은 단어를 골라 **O**표 하세요. 완성된 문장을 따라 써 보세요.

(Be/Bee) quiet!

조용히 해!

I want to be a (be/bee)!

나는 벌이 될래!

 ◀)) 01-14

A 잘 듣고, 밑줄 친 부분의 발음이 <보기>와 <u>다른</u> 하나를 고르세요.

보기
thr<u>ee</u>

❶
h<u>e</u>

❷
h<u>e</u>n

❸
fr<u>ee</u>

B 그림에 알맞은 단어를 찾아 **O**표 하고, 따라 써 보세요.

❶

be / bee

❷

tree / three

❸

bed / free

❹

he / she

C 그림을 보고, 두 단어 중 알맞은 것을 골라 **O**표 하세요.

1 be ⌒ bee happy
행복하다

2 a busy be ⌒ bee
바쁜 벌

3 a honey be ⌒ bee
꿀벌

🔊 01-15

D 다음 문장에서 알맞은 단어를 골라 **O**표 하세요. 잘 듣고, 따라 읽으며 써 보세요.

1 I will (be/bee) happy.
나는 행복할 거야.

2 A (be/bee) is on the flower.
벌 한 마리가 꽃 위에 있다.

3 She is as busy as a (be/bee).
그녀는 벌만큼 바쁘다.

Tip happy 행복한 busy 바쁜 honey 꿀 flower 꽃 as ~ as ⋯ ⋯만큼 ~한

Day 1 ▶ be/bee 15

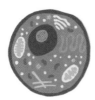

cell

세포

sell

팔다

[sel / 셀]

두 단어가 왜 같은 발음인지 알아봐요.

🔊 02-16

cell

c는 뒤에 모음 e, i, y가 따라오면 [s/ㅅ] 소리가 나요. 그 외는 [k/ㅋ]로 발음해요.

c [s/ㅅ]

cent [sent/센트] *센트

* 화폐 단위: 100분의 1달러

city [sɪti/시티] 도시

c [k/ㅋ]

can [kæn/캔] 깡통, 캔

crab [kræb/ㅋ랩] 게

sell

s는 [s/ㅅ]로 발음해요. ll처럼 같은 자음이 두 번 반복될 때는 한 번만 발음해요.

s [s/ㅅ]

saw [sɔ:/소-] 톱

sent [sent/센트] 보냈다

star [stɑ:r/ㅅ타알] 별

밑줄 친 우리말에 알맞은 단어를 골라 **O**표 하세요. 완성된 문장을 따라 써 보세요.

Get away from your (cell/sell) phone.
휴대폰에서 좀 떨어져 봐.

* cell phone: 휴대폰

Don't (cell/sell) my phone.
제 폰을 팔지 마세요.

◀)) 02-18

A 잘 듣고, 밑줄 친 부분의 발음이 <u>다른</u> 하나를 찾아 ◯표 하세요.

❶	❷	❸	❹

<u>s</u>tar	<u>c</u>ent	<u>c</u>ity	<u>c</u>rab

B 그림에 알맞은 단어를 찾아 ◯표 하고, 따라 써 보세요.

❶
cell
----
sell

❷
cent
----
sent

❸
can
----
crab

❹
saw
----
star

C 그림을 보고, 두 단어 중 알맞은 것을 골라 O표 하세요.

① 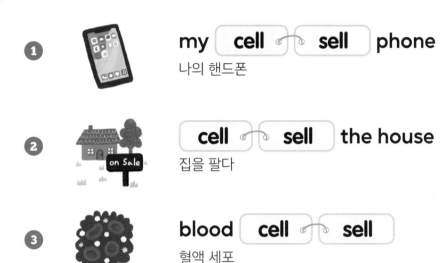 my (cell ↶ sell) phone
나의 핸드폰

② cell ↶ sell the house
집을 팔다

③ blood cell ↶ sell
혈액 세포

◀)) 02-19

D 다음 문장에서 알맞은 단어를 골라 O표 하세요. 잘 듣고, 따라 읽으며 써 보세요.

① The human body has many (cells/sells).
사람의 몸에는 세포가 많다.

② Where is my (cell/sell) phone?
내 휴대폰이 어디에 있지?

③ They (cell/sell) all kinds of things.
그들은 온갖 종류의 물건을 다 판다.

⭐ **Tip**   phone 전화(기) blood 피 human 사람의 body 몸 many 많은 kinds of 종류의

red

빨간, 빨강

read

읽었다

[**red** / 뤠ㄷ]

두 단어가 왜 같은 발음인지 알아봐요.

🔊 03-20

red

r은 [r/뤄]로 발음해요.
단모음 **e**는 [e/에]로 발음해요.

e [e/에]

egg [eg/에ㄱ] 알, 달걀

jet [dʒet/줴ㅌ] 제트기

web [web/웨ㅂ] 거미줄

read

ea는 [e/에] 또는 [iː/이-] 소리가 나요.
현재형 **read**(읽다)는 [riːd/뤼-ㄷ]로 발음해요.

ea [e/에]

deaf [def/데ㅍㅍ] 귀가 먹은

spread [spred/스프뤠ㄷ] 펴다

ea [iː/이-]

eat [iːt/이-ㅌ] 먹다

speak [spiːk/ㅅ피-ㅋ] 말하다

밑줄 친 우리말에 알맞은 단어를 골라 **O**표 하세요. 완성된 문장을 따라 써 보세요.

I (red/read) this book!

나는 이 책 읽었어!

Do you want (red/read) paper?

빨간 휴지 줄까?

03-22

A 잘 듣고, 밑줄 친 부분의 발음이 <보기>와 다른 하나를 고르세요.

보기

j<u>e</u>t

①

<u>e</u>gg

②

w<u>e</u>b

③

<u>ea</u>t

B 그림에 알맞은 단어를 찾아 O표 하고, 따라 써 보세요.

①

red / read

②

web / spread

③

speak / eat

④

deaf / egg

C 그림을 보고, 두 단어 중 <u>알맞은</u> 것을 골라 **O**표 하세요.

1  a **red** — **read** rose
빨간 장미

2 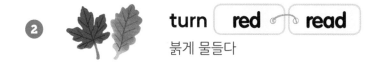 turn **red** — **read**
붉게 물들다

3  **red** — **read** a book
책을 읽었다

D 다음 문장에서 <u>알맞은</u> 단어를 골라 **O**표 하세요. 잘 듣고, 따라 읽으며 써 보세요. ◀)) 03-23

1 I (red/read) that book.
나는 그 책을 다 읽었다.

_____
_____
_____

2 My favorite color is (red/read).
내가 가장 좋아하는 색은 빨간색이다.

_____
_____
_____

3 The light will turn (red/read).
신호등이 빨간색으로 변할 것이다.

_____
_____
_____

 rose 장미   turn 변하다   favorite 가장 좋아하는   light 빛, 전등

sun
태양

son
아들

[**sʌn** / 선]

두 단어가 왜 같은 발음인지 알아봐요.

🔊 04-24

sun

u는 보통 [ʌ/어] 소리가 나요.
길게 [uː/우-]로 발음하기도 해요.

u [ʌ/어]

cut [kʌt/커트] 자르다

run [rʌn/뤈] 달리다

u [uː/우]

ruby [ˈruːbi/루-비] 루비

son

o는 보통 [ɔ/아] 소리가 나요.
예외로 [ʌ/어]로 발음되는 경우도 있어요.

o [ɔ/아]

hot [hɔt/하트] 더운

mop [mɔp/마프] 대걸레

o [ʌ/어]

ton [tʌn/턴] (무게 단위) 톤

won [wʌn/원] 이겼다

밑줄 친 우리말에 알맞은 단어를 골라 **O**표 하세요. 완성된 문장을 따라 써 보세요.

The (sun/son) is shining.
태양이 눈부셔요.

This is my (sun/son).
내 아들이란다.

04-26

A 잘 듣고, 밑줄 친 부분의 발음이 <u>다른</u> 하나를 찾아 **O**표 하세요.

❶
w<u>o</u>n

❷
h<u>o</u>t

❸
c<u>u</u>t

❹
t<u>o</u>n

B 그림에 알맞은 단어를 찾아 **O**표 하고, 따라 써 보세요.

❶ son / sun

_____

❷ ruby / tulip

_____

❸ run / won

_____

❹ mop / ton

_____

C 그림을 보고, 두 단어 중 알맞은 것을 골라 O표 하세요.

①  **mother and** sun ⌒ **son**
어머니와 아들

②  **the morning** sun ⌒ **son**
아침 해

③  **the** sun ⌒ **son** **sets**
해가 지다

 ◀)) 04-27

D 다음 문장에서 알맞은 단어를 골라 O표 하세요. 잘 듣고, 따라 읽으며 써 보세요.

① **His (sun/son) is ten years old.**
그의 아들은 10살이다.

② **We sat in the (sun/son).**
우리는 햇볕을 쬐며 앉아 있었다.

③ **Get some (sun/son) and fresh air.**
햇볕도 좀 쬐고 상쾌한 공기도 좀 마셔.

 mother 엄마 morning 아침 set (해, 달이) 지다 sat 앉았다 fresh 신선한 air 공기

ant
개미

aunt
이모, 고모

[**ænt** / 앤트]

두 단어가 왜 같은 발음인지 알아봐요.

🔊 05-28

ant

단모음 **a**는 [æ/애] 소리가 나요.

a [æ/애]

apple [æpl/애플] 사과

bag [bæg/배ㄱ] 가방

cat [kæt/캐ㅌ] 고양이

aunt

au는 보통 [ɔː /어-]소리가 나요.
일부 몇 단어만 [æ/애]로 발음해요.

au [æ/애]

laugh [læf/래ᶠㅍ] 웃다

au [ɔː/어-]

audio [ˈɔːdioʊ/어-디오] 오디오

sauce [sɔːs/서-스] 소스

만화로 소리⭐탐험!

밑줄 친 우리말에 알맞은 단어를 골라 **O**표 하세요. 완성된 문장을 따라 써 보세요.

Where is (ant/aunt) Sally?

샐리 이모 어디 있어?

This is (ant/aunt) Queen!

이게 여왕개미야!

🔊 05-30

A 잘 듣고, 밑줄 친 부분의 발음이 <보기>와 다른 하나를 고르세요.

보기

<u>a</u>nt

❶

<u>a</u>pple

❷

c<u>a</u>t

❸

s<u>au</u>ce

B 그림에 알맞은 단어를 찾아 **O**표 하고, 따라 써 보세요.

❶

aunt / ant

❷

bag / cat

❸

sauce / audio

❹

apple / laugh

C 그림을 보고, 두 단어 중 <u>알맞은</u> 것을 골라 **O**표 하세요.

①
a fire (**ant** — **aunt**)
불개미

②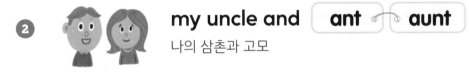
my uncle and (**ant** — **aunt**)
나의 삼촌과 고모

③
a worker (**ant** — **aunt**)
일개미

◀》 05-31

D 다음 문장에서 <u>알맞은</u> 단어를 골라 **O**표 하세요. 잘 듣고, 따라 읽으며 써 보세요. ●

① **She is looking at an (ant/aunt).**
그녀는 개미를 보고 있다.
_____
_____

② **This is my (ant/aunt).**
이 분이 저의 고모예요.
_____
_____

③ **My (ant/aunt) went out for shopping.**
나의 이모는 쇼핑하러 외출했다.
_____
_____

 Tip fire 불 uncle 삼촌 worker 노동자 look at ~를 보다 went out 외출했다

☆ <보기>에서 알맞은 단어를 찾아 빈칸에 쓰세요.

보기 **sell read Be aunt son**

1 제 아들이에요.

This is my ~~~~~~~~~~~~.

2 제 휴대폰을 팔지 마세요.

Don't ~~~~~~~~~~~~ my phone.

3 나는 이 책을 읽었어!

I ~~~~~~~~~~~~ this book!

4 샐리 이모 어디 있어?

Where is ~~~~~~~~~~~~ Sally?

5 조용히 해!

~~~~~~~~~~~~ quiet!

그림에 알맞은 단어가 되도록 선으로 연결해 보세요.

1. r

ed

ead

2. b

e

ee

3. s

un

on

4. a

nt

unt

5. c

ent

ell

ate
먹었다

eight
8, 여덟

[eɪt / 에이트]

두 단어가 왜 같은 발음인지 알아봐요.

◀)) 06-34

ate

a_e형태 단어에서 e는 발음하지 않고
a는 [eɪ/에이]로 발음해요.

ate [eɪt/에이트]

date [deɪt/데이트] 날짜

gate [geɪt/게이트] 문

skate [skeɪt/ㅅ케이트] 스케이트 화

eight

gh는 보통 소리가 나지 않아요.
예외로 [f/ㅍ] 소리가 나기도 해요.

gh [-]

high [haɪ/하이] 높은

light [laɪt/라이트] 빛

tight [taɪt/타이트] 꽉 조이는

밑줄 친 우리말에 알맞은 단어를 골라 **O**표 하세요. 완성된 문장을 따라 써 보세요.

You (ate/eight) all my hot dogs!
네가 내 핫도그 다 먹었지!

There were (ate/eight) hot dogs!
핫도그가 여덟 개나 있었는데!

 06-36

A 잘 듣고, 밑줄 친 부분의 발음이 <u>다른</u> 하나를 찾아 ○표 하세요.

① 	② 	③ 	④ 
sk<u>a</u>te	l<u>au</u>gh	g<u>a</u>te	d<u>a</u>te

B 그림에 <u>알맞은</u> 단어를 찾아 ○표 하고, 따라 써 보세요.

① ate
eight

_____
....
_____

② date
gate

_____
....
_____

③ light
high

_____
....
_____

④  tight
skate

_____
....
_____

C 그림을 보고, 두 단어 중 알맞은 것을 골라 **O**표 하세요.

①  **ate** **eight** a birthday cake
생일 케이크를 먹었다

② **ate** **eight** ants
개미 8마리

③ at **ate** **eight**
8시에

◀) 06-37

D 다음 문장에서 알맞은 단어를 골라 **O**표 하세요. 잘 듣고, 따라 읽으며 써 보세요.

① My brother is (ate/eight) years old.
내 남동생은 8살이다.

② I (ate/eight) a hamburger yesterday.
나는 어제 햄버거를 먹었다.

③ I (ate/eight) all (ate/eight) cookies.
나는 과자 8개를 다 먹었다.

 Tip birthday 생일 brother 남자 형제 yesterday 어제 cookie 과자

sale
판매

sail
항해(하다)

오늘의
소리☆

[seɪl / 세일]

두 단어가 왜 같은 발음인지 알아봐요.

◀)) 07-38

sale

a_e형태 단어에서 e는 발음하지 않아요.
이때 a는 [eɪ/에이]로 발음해요.

a_e [eɪ/에이]

male [meɪl/메일] 남자의

wave [weɪv/웨이ᵛ브] 파도

plane [pleɪn/플레인] 비행기

sail

ai는 장모음 a 소리인 [eɪ/에이]로 발음해요.

ai [eɪ/에이]

mail [meɪl/메일] 우편

rain [reɪn/뤠인] 비

plain [pleɪn/플레인] 소박한

밑줄 친 우리말에 알맞은 단어를 골라 **O**표 하세요. 완성된 문장을 따라 써 보세요.

Is this on (sale/sail)?
이거 팔아요?

It's for (sale/sail).
이건 항해용이야.

◀)) 07-40

A 잘 듣고, 밑줄 친 부분의 발음이 <보기>와 다른 하나를 고르세요. ●

보기

r<u>ai</u>n

1

pl<u>ai</u>n

2

m<u>a</u>l<u>e</u>

3

b<u>a</u>g

B 그림에 알맞은 단어를 찾아 **O**표 하고, 따라 써 보세요.

1

sail / sale

_____

_____

2

plain / plane

_____

_____

3

wave / rain

_____

_____

4

male / mail

_____

_____

C 그림을 보고, 두 단어 중 <u>알맞은</u> 것을 골라 **O**표 하세요.

①  'buy one, get one free' (sale ⌒ sail)
'하나 사면 하나가 무료인' 세일

② 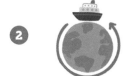 (sale ⌒ sail) around the world
배를 타고 세계 일주를 하다

③  garage (sale ⌒ sail)
(차고에서 하는) 중고 물품 세일

07-41

D 다음 문장에서 <u>알맞은</u> 단어를 골라 **O**표 하세요. 잘 듣고, 따라 읽으며 써 보세요.

❶ **The house is up for (sale/sail).**

그 집은 팔기 위해 내놓았다.

❷ **We went for a (sale/sail).**

우리는 항해를 하러 갔다.

❸ **I'm sorry, it's not for (sale/sail).**

죄송해요, 그건 파는 게 아니에요.

 world 세계 garage 차고 up for ~를 위해 내놓은 went for ~하러 갔다 sorry 미안한

brake
브레이크

break
부수다, 휴식

오늘의
소리☆

[breɪk / 브뤠이크]

두 단어가 왜 같은 발음인지 알아봐요.

◀)) 08-42

brake

a_e형태 단어에서 **e**는 발음하지 않아요.
이때 **a**는 [eɪ/에이]로 발음해요.

a_e [eɪ/에이]

bake [beɪk/베이크] 굽다

cake [keɪk/케이크] 케이크

lake [leɪk/레이크] 호수

break

ea는 [eɪ/에이]로 발음해요. 그 외에도
[e/에] 또는 [iː/이-]로 발음하기도 해요.

ea [eɪ/에이]

great [greɪt/ㄱ뤠이트] 큰

steak [steɪk/ㅅ테이크] 스테이크

ea [e/에]

bread [bred/브뤠드] 빵

ea [iː/이-]

tea [tiː/티-] 차

밑줄 친 우리말에 알맞은 단어를 골라 **O**표 하세요. 완성된 문장을 따라 써 보세요.

Use your bike (brakes/breaks).

자전거 브레이크를 써 봐.

(Brake/Break) the chocolate in two!

그 초콜릿 둘로 나눠 줘!

◀)) 08-44

A 잘 듣고, 밑줄 친 부분의 발음이 다른 하나를 찾아 O표 하세요. •

❶	❷	❸	❹

c<u>a</u>k<u>e</u>	gr<u>ea</u>t	t<u>ea</u>	l<u>a</u>k<u>e</u>

B 그림에 알맞은 단어를 찾아 O표 하고, 따라 써 보세요.

❶
break
....
brake

❷
bread
....
tea

❸
lake
....
bake

❹
steak
....
great

C 그림을 보고, 두 단어 중 <u>알맞은</u> 것을 골라 **O**표 하세요.

1  press the [**brake**] [**break**]

브레이크를 밟다

2 [**brake**] [**break**] a window

창문을 깨다

3 a coffee [**brake**] [**break**]

커피 마시는 휴식 시간

🔊 08-45

D 다음 문장에서 <u>알맞은</u> 단어를 골라 **O**표 하세요. 잘 듣고, 따라 읽으며 써 보세요. •

1 I need a (brake/break).

나는 휴식이 필요하다.

_____

. . . .

_____

2 The ice will (brake/break).

그 얼음은 깨질 것이다.

_____

. . . .

_____

3 He put his foot on the (brake/break).

그는 한 발을 브레이크 위에 올렸다.

_____

. . . .

_____

 press 누르다   window 창문   coffee 커피   need 필요하다   ice 얼음   put 놓다

heal
치료하다

heel
발뒤꿈치

[hiːl / 힐-]

두 단어가 왜 같은 발음인지 알아봐요.

🔊 09-46

heal

h는 [h/ㅎ]로 발음해요.
ea는 길게 [iː/이-] 또는 [e/에]로 발음해요.

ea [iː/이-]

leaf [liːf/리-f프] 잎

meat [miːt/미-ㅌ] 고기

ea [e/에]

dead [ded/데드] 죽은

sweat [swet/ㅅ웨ㅌ] 땀

heel

ee는 [iː/이-]로 발음해요.

ee [iː/이-]

deep [diːp/디-ㅍ] 깊은

meet [miːt/미-ㅌ] 만나다

sleep [sliːp/슬리-ㅍ] 잠자다

밑줄 친 우리말에 알맞은 단어를 골라 **O**표 하세요. 완성된 문장을 따라 써 보세요.

My (heals/heels) hurt.

발뒤꿈치가 아파.

Let me (heal/heel) you.

내가 치료해 줄게.

 09-48

A 잘 듣고, 밑줄 친 부분의 발음이 <보기>와 <u>다른</u> 하나를 고르세요.

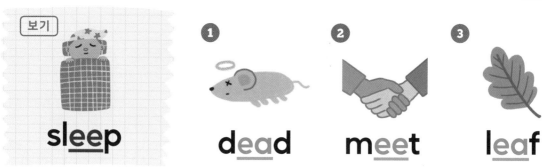

보기
sl<u>ee</u>p

❶ **d<u>ea</u>d**

❷ **m<u>ee</u>t**

❸ **l<u>ea</u>f**

B 그림에 알맞은 단어를 찾아 **O**표 하고, 따라 써 보세요.

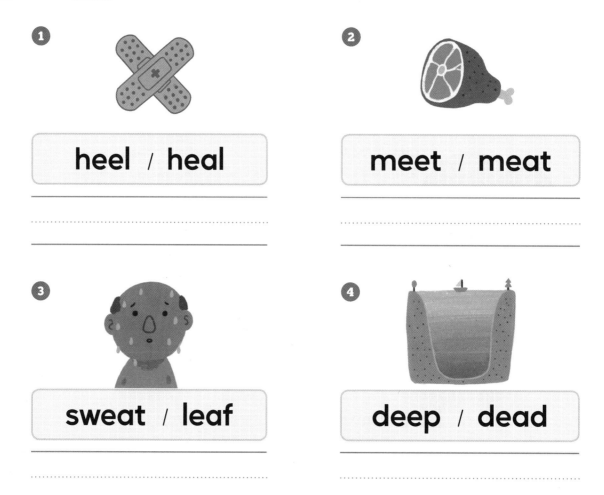

❶ **heel / heal**

❷ **meet / meat**

❸ **sweat / leaf**

❹ **deep / dead**

C 그림을 보고, 두 단어 중 알맞은 것을 골라 O표 하세요.

1  a high [**heal** ⟷ **heel**] shoe
굽이 높은 신

2  [**heal** ⟷ **heel**] - all
만병통치약

3  [**heal** ⟷ **heel**] the sick
아픈 사람을 고치다

🔊 09-49

D 다음 문장에서 알맞은 단어를 골라 O표 하세요. 잘 듣고, 따라 읽으며 써 보세요.

1 The wound will (heal/heel) soon.
그 부상은 곧 나을 거야.

2 This will (heal/heel) your wound.
이것이 너의 상처를 낫게 할 거야.

3 Do you wear high (heals/heels)?
너는 굽 높은 구두를 신니?

 high 높은 shoe 신발 sick 아픈 the sick 아픈 사람 wound 상처, 부상 wear 입다

week

주

weak

약한

[wiːk / 위-ㅋ]

두 단어가 왜 같은 발음인지 알아봐요.

🔊 10-50

week

w는 [w/우]로 발음해요
ee는 길게 [iː/이-]로 발음해요.

ee [iː/이-]

s**ee** [siː/시-] 보다

p**ee**k [piːk/피-ㅋ] 훔쳐보다

st**ee**l [stiːl/스틸-] 강철

weak

ea는 길게 [iː/이-] 소리가 나요.

ea [iː/이-]

s**ea** [siː/시-] 바다

p**ea**k [piːk/피-ㅋ] (산)봉우리

st**ea**l [stiːl/스틸-] 훔치다

밑줄 친 우리말에 알맞은 단어를 골라 **O**표 하세요. 완성된 문장을 따라 써 보세요.

You are too (week/weak).

넌 너무 약해.

See you after two (weeks/weak)!

2주 후에 만나!

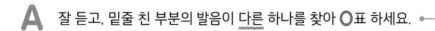

A 잘 듣고, 밑줄 친 부분의 발음이 다른 하나를 찾아 O표 하세요.

w<u>ee</u>k

s<u>ea</u>

p<u>ee</u>k

d<u>ea</u>d

B 그림에 알맞은 단어를 찾아 O표 하고, 따라 써 보세요.

1 week / weak

2 see / sea

3 steal / steel

4 peek / peak

C 그림을 보고, 두 단어 중 알맞은 것을 골라 **O**표 하세요.

1 next [**week** ~ **weak**]
다음 주

2 a [**week** ~ **weak**] team
약한 팀

3 a [**week** ~ **weak**] light
약한 빛

◀)) 10-53

D 다음 문장에서 알맞은 단어를 골라 **O**표 하세요. 잘 듣고, 따라 읽으며 써 보세요. •

1 Bye! See you next (week/weak).
안녕! 다음 주에 만나.

2 He was very thin and (week/weak).
그는 매우 말랐고 약했다.

3 It rained all (week/weak).
일주일 내내 비가 왔다.

 Tip   next 다음의   team 팀   light 빛   thin 마른   rained 비가 내렸다

쉬면서 복습하는 소리 ☆ 놀이터

☆ '요정 할머니'가 단어 보따리에 들어 있는 단어를 잃어버렸어요! 단어 보따리에 남겨진
우리말 뜻을 보고 아래 표에서 알맞은 단어들을 찾아 O표 하세요.

아이고~
얘들아, 어디 있니?

항해하다   먹었다
부수다
발뒤꿈치   약한

f	u	w	s	n
b	r	e	a	k
a	n	a	i	o
t	l	k	l	x
e	h	e	e	l

☆ 빈칸에 알맞은 단어를 <보기>에서 찾아 쓰고, 오른쪽 퍼즐에서 선을 연결해 보세요.

보기 **brake week heal eight sale**

① 이거 세일해요?

Is this on ～～～～～?

q	t	e
s	a	l
n	i	p

② 핫도그가 8개 있었다!

There were ～～～～～ hot dogs!

e	i	g
b	c	h
d	t	u

③ 내가 너를 치료해 줄게.

Let me ～～～～～ you.

w	h	r
o	e	t
x	a	l

④ 네 자전거 브레이크를 사용해.

Use your bike ～～～～～s.

b	d	y
r	s	k
a	k	e

⑤ 2주 후에 만나!

See you after two ～～～～～s!

w	e	b
a	e	k
v	m	g

peace
평화

piece
조각

[piːs / 피-ㅅ]

두 단어가 왜 같은 발음인지 알아봐요.

🔊 11-56

---

peace

p는 [p/ㅍ]로 발음해요.
ea는 보통 [iː/이-] 로 발음해요.
[e/에]로 발음되기도 해요.

ea [iː/이-]

beak [biːk/비-ㅋ] 부리

peach [piːtʃ/피-취] 복숭아

ea [e/에]

head [hed/헤ㄷ] 머리

sweater [swetə(r)/ㅅ웨털] 스웨터

---

piece

ie는 길게 [iː/이-]로 발음해요.
c는 e 앞에서 [s/ㅅ]로 발음해요.

ie [iː/이-]

field [fiːld/ᶠ피-일ㄷ] 들판

thief [θiːf/씨-ᶠㅍ] 도둑

shield [ʃiːld/쉬-일ㄷ] 방패

밑줄 친 우리말에 알맞은 단어를 골라 **O**표 하세요. 완성된 문장을 따라 써 보세요.

Where is the last (peace/piece)?

마지막 조각이 어디에 있지?

(Peace/Piece) has come at last.

마침내 평화가 찾아왔군.

퀴즈로 소리☆ 정복!

 11-58

A 잘 듣고, 밑줄 친 부분의 발음이 <보기>와 <u>다른</u> 하나를 고르세요.

보기

th<u>ie</u>f

❶  f<u>ie</u>ld

❷  sw<u>ea</u>ter

❸ p<u>ea</u>ce

B 그림에 알맞은 단어를 찾아 **O**표 하고, 따라 써 보세요.

❶

❷

❸

❹

C 그림을 보고, 두 단어 중 <u>알맞은</u> 것을 골라 **O**표 하세요.

①  a [**peace** — **piece**] of pie

파이 한 조각

②  [**peace** — **piece**] and quiet

평온, 고요함

③ make [**peace** — **piece**]

화해하다

◀)) 11-59

D 다음 문장에서 <u>알맞은</u> 단어를 골라 **O**표 하세요. 잘 듣고, 따라 읽으며 써 보세요.

① **They live in (peace/piece).**

그들은 평화롭게 살아간다.

_____

_____

② **Would you like a (peace/piece) of pizza?**

피자 한 조각 드실래요?

_____

_____

③ *It's a (peace/piece) of cake.

그건 식은 죽 먹기야.

* 아주 쉬운 일을 가리키는 속담이에요.

_____

_____

 quiet 고요한 make 만들다 live 살다

tide

조수, 밀물과 썰물

tied

묶었다, 묶인

오늘의
소리 ☆

[taɪd / 타이드]

두 단어가 왜 같은 발음인지 알아봐요.

🔊 12-60

tide

t는 [t/ㅌ]로 발음해요.
i_e에서 e는 소리가 나지 않고,
i는 이름처럼 [aɪ/아이]로 발음해요.

ide [aɪd/아이드]

hide [haɪd/하이드]
감추다, 숨다

wide [waɪd/와이드]
넓은

slide [slaɪd/슬라이드]
미끄럼틀

tied

ie는 보통 [iː/이-] 소리지만,
[aɪ/아이] 로 발음되기도 해요.

ied [aɪd/아이드]

cried [kraɪd/ㅋ롸이드]
울었다

fried [fraɪd/ᶠㅍ롸이드]
구웠다

lied [laɪd/라이드]
거짓말했다

밑줄 친 우리말에 알맞은 단어를 골라 **O**표 하세요. 완성된 문장을 따라 써 보세요.

The (tide/tied) is coming in!
밀물이 들어오고 있어요!

I (tide/tied) it to my ankle.
제 발목에 (끈을) 묶었어요.

12-62

A 잘 듣고, 밑줄 친 부분의 발음이 <u>다른</u> 하나를 찾아 **O**표 하세요.

①	②	③	④

fr<u>ied</u>	d<u>ea</u>d	w<u>ide</u>	sl<u>ide</u>

B 그림에 <u>알맞은</u> 단어를 찾아 **O**표 하고, 따라 써 보세요.

① tied
tide

② cried
fried

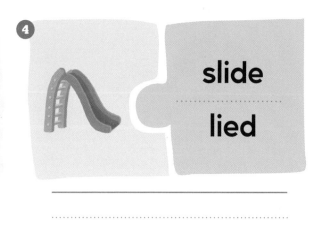

③ hide
wide

④ slide
lied

C 그림을 보고, 두 단어 중 <u>알맞은</u> 것을 골라 **O**표 하세요.

❶  low (**tide** ⌒ **tied**)
썰물, 간조

❷ 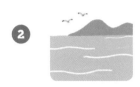 high (**tide** ⌒ **tied**)
밀물, 만조

❸  (**tide** ⌒ **tied**) up in knots
곤경에 빠진(매듭에 묶인)

 ◀)) 12-63

D 다음 문장에서 <u>알맞은</u> 단어를 골라 **O**표 하세요. 잘 듣고, 따라 읽으며 써 보세요.

❶ **We (tide/tied) the boat up.**
우리는 그 보트를 묶었다.

❷ **The (tide/tied) is rising.**
조수가 높아지고 있다.

❸ **I (tide/tied) them together with a rope.**
나는 그것들을 밧줄로 묶었다.

 Tip low 낮은 high 높은 tie up 묶어 놓다 knot 매듭 rise 오르다 rope 밧줄

rode
탔다

road
길

🔊 13-64

오늘의
소리 ☆

[roʊd / 로우드]

두 단어가 왜 같은 발음인지 알아봐요.

rode

o_e에서 e는 소리가 나지 않고,
o는 이름처럼 [oʊ/오우]로 발음해요.

o_e [oʊ/오우]

cone [koʊn/코운] 원뿔

rope [roʊp/로우ㅍ] 밧줄

stone [stoʊn/ㅅ토운] 돌

road

oa는 앞글자 o의 이름처럼
[oʊ/오우] 소리가 나요.

oa [oʊ/오우]

boat [boʊt/보우ㅌ] 배

coat [koʊt/코우ㅌ] 코트

toad [toʊd/토우ㄷ] 두꺼비

밑줄 친 우리말에 알맞은 단어를 골라 O표 하세요. 완성된 문장을 따라 써 보세요.

This (rode/road) is closed!

이 길은 막혔잖아!

He (rode/road) his bike up to the left.

그는 오토바이를 타고 왼쪽으로 올라갔지.

 13-66

A 잘 듣고, 밑줄 친 부분의 발음이 <보기>와 <u>다른</u> 하나를 고르세요.

보기

t<u>oa</u>d

❶

<u>ea</u>t

❷

c<u>oa</u>t

❸

st<u>o</u>n<u>e</u>

B 그림에 알맞은 단어를 찾아 **O**표 하고, 따라 써 보세요.

❶

road / rode

❷

rope / toad

❸

stone / cone

❹

boat / coat

C 그림을 보고, 두 단어 중 <u>알맞은</u> 것을 골라 **O**표 하세요.

①

rode **road** a broom

빗자루를 탔다

②

a **rode** **road** map

도로 지도

③

rode **road** a bike

자전거를 탔다

 13-67

D 다음 문장에서 <u>알맞은</u> 단어를 골라 **O**표 하세요. 잘 듣고, 따라 읽으며 써 보세요.

① **The witch (rode/road) her broom.**

마녀는 그녀의 빗자루를 탔다.

② **Where does this (rode/road) go?**

이 길은 어디로 이어지니?

③ **I (rode/road) my bike to school.**

나는 학교까지 자전거를 타고 갔다.

 broom 빗자루 map 지도 bike 자전거 witch 마녀

role
역할

roll
통, 구르다

오늘의
소리 ☆

[roul / 로울]

두 단어가 왜 같은 발음인지 알아봐요.

◀)) 14-68

role

o_e에서 e는 소리가 나지 않고,
o는 이름처럼 [oʊ/오우]로 발음해요.

ole [oʊl/오울]

mole [moʊl/모울] 두더지

pole [poʊl/포울] 막대기

roll

o는 여러 가지 소리가 나요.
oll과 old에서는 [oʊ/오우]로 발음해요.
ll처럼 자음이 반복될 때는 한 번만 소리가 나요.

oll [oʊl/오울]

toll [toʊl/토울] 통행료

scroll [scroʊl/ㅅ크로울] 두루마리

old [oʊld/오울ㄷ]

cold [koʊld/코울ㄷ] 추운, 감기

gold [goʊld/고울ㄷ] 금

밑줄 친 우리말에 알맞은 단어를 골라 **O**표 하세요. 완성된 문장을 따라 써 보세요.

I have a key (role/roll)!

제가 중요한 역할을 해요!

I have to (role/roll) this.

이것을 굴려야 해요.

14-70

A 잘 듣고, 밑줄 친 부분의 발음이 <u>다른</u> 하나를 찾아 **O**표 하세요.

1 c<u>o</u>ld

2 m<u>o</u>le

3 scr<u>o</u>ll

4 m<u>o</u>p

B 그림에 알맞은 단어를 찾아 **O**표 하고, 따라 써 보세요.

1
roll

role

....

....

2
toll

roll

....

....

3
mole

pole

....

....

4
gold

cold

....

....

C 그림을 보고, 두 단어 중 <u>알맞은</u> 것을 골라 **O**표 하세요.

1
role — **roll** - play
역할극

2 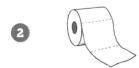 a **role** — **roll** of toilet paper
두루마리 휴지 하나

3  **role** — **roll** in the mud
진흙에서 뒹굴다

 14-71

D 다음 문장에서 <u>알맞은</u> 단어를 골라 **O**표 하세요. 잘 듣고, 따라 읽으며 써 보세요.

1 **The ball (role/rolled) down the hill.**
그 공은 언덕 아래로 굴러갔다.

_____

_____

2 **She was happy with her (role/roll).**
그녀는 그녀의 역할에 만족했다.

_____

_____

3 **Take a (role/roll) of toilet paper.**
두루마리 휴지 하나 가지고 가.

_____

_____

 Tip toilet 화장실 paper 종이 mud 진흙 hill 언덕 happy 행복한, 만족스러운 take 가지고 가다

blue
파란, 파란색

blew
(바람이) 불었다,
(입으로) 불었다, (코를) 풀었다

오늘의 소리☆

[bluː / 블루-]
두 단어가 왜 같은 발음인지 알아봐요.

◀)) 15-72

blue
ue는 길게 [uː/우-] 또는
[juː/유-]로 발음해요.

ue [uː/우-]

clue [kluː/클루-] 단서

glue [gluː/글루-] 풀, 접착제

ue [juː/유-]

tissue [tɪʃ(j)uː/티슈-] 화장지

blew
ew는 길게 [uː/우-] 또는
[juː/유-]로 발음해요.

ew [uː/우-]

screw [skruː/ㅅ크루-] 나사, 못

ew [juː/유-]

stew [st(j)uː/ㅅ튜-] 스튜

chew [tʃuː/츄-] 씹다

밑줄 친 우리말에 알맞은 단어를 골라 **O**표 하세요. 완성된 문장을 따라 써 보세요.

I like your (blue/blew) hat.
너의 파란 모자가 마음에 들어.

The wind (blue/blew) strong.
바람이 세차게 불었어요.

퀴즈로 소리 ☆ 정복!

15-74

A 잘 듣고, 밑줄 친 부분의 발음이 <보기>와 다른 하나를 고르세요.

보기

glue

❶

scr<u>ew</u>

❷

cl<u>ue</u>

❸

st<u>ew</u>

B 그림에 알맞은 단어를 찾아 **O**표 하고, 따라 써 보세요.

❶

blew / blue

❷

chew / clue

❸

tissue / glue

❹

blew / screw

C 그림을 보고, 두 단어 중 알맞은 것을 골라 **O**표 하세요.

❶ his (**blue** — **blew**) eyes
그의 푸른 눈

❷ (**blue** — **blew**) jeans
청바지

❸ (**blue** — **blew**) my nose
코를 풀었다

◁)) 15-75

D 다음 문장에서 알맞은 단어를 골라 **O**표 하세요. 잘 듣고, 따라 읽으며 써 보세요.

❶ **Look at the (blue/blew) sky!**
파란 하늘을 봐!

❷ **She (blue/blew) her nose.**
그녀는 코를 풀었다.

❸ **I (blue/blew) up a (blue/blew) balloon.**
나는 파란색 풍선을 불었다.

 Tip   jeans 바지   nose 코   look at ~을 보다   balloon 풍선

쇼 미 더 라임!(Show Me the Rhyme!) 신인 래퍼 '벼리'가 오디션 프로그램에 나갔어요.
'벼리'가 오디션에 합격할 수 있도록 표시된 구절에 알맞은 영어 단어를 <보기>에서 찾아 써 주세요!

Yo yo!

거센 바람 **불어왔지**. →

But, 난 신발끈을 **묶었지**. →

휩쓸리지 않아, glue처럼 착! 달라붙지.

시련과 역경에도 언제나 달려가.

그것이 나의 **역할**! →

수백 번 넘어져도 자전거를 **탔던** 어린 시절처럼 →

우리에겐 늘 **평화**! →

제 점수는요.

_____ 점!

보기	blew
peace	rode
role	tied

아래 <힌트>를 읽고 퍼즐에 들어갈 단어를 <보기>에서 찾아 써 보세요.

보기

**blue   piece
road   roll   tide**

<세로 힌트>

❶ The _____ is coming in. 밀물이 들어오고 있다.

❸ I have to _____ this. 나는 이것을 굴려야 한다.

❹ Where is the last _____? 마지막 조각은 어디에 있지?

<가로 힌트>

❷ This _____ is closed. 이 길은 막혔어.

❺ I like your _____ hat. 너의 파란 모자가 마음에 들어.

by
~옆에

buy
사다

오늘의 소리 ☆

[baɪ / 바이]

두 단어가 왜 같은 발음인지 알아봐요.

🔊 16-78

by

y는 [aɪ/아이]로 발음해요.
때로는 [i/이]로 발음하기도 해요.

y [aɪ/아이]

dry [draɪ/ㄷ롸이] 말리다

fry [fraɪ/ᶠ프롸이] 굽다

buy

uy는 [aɪ/아이]로 발음해요.

uy [aɪ/아이]

guy [gaɪ/가이] 남자, 녀석

y [i/이]

baby [ˈbeɪbi/베이비] 아기

fifty [ˈfɪfti/ᶠ피ᶠ프티] 오십

body [ˈbɑːdi/바-디] 몸

jelly [ˈdʒeli/젤리] 젤리

밑줄 친 우리말에 알맞은 단어를 골라 **O**표 하세요. 완성된 문장을 따라 써 보세요.

I'd like to (by/buy) a hat.
모자를 사고 싶은데요.

Look for it (by/buy) the door.
문 옆에서 찾아봐요.

16-80

A 잘 듣고, 밑줄 친 부분의 발음이 <u>다른</u> 하나를 찾아 **O**표 하세요.

1 fr<u>y</u>

2 bod<u>y</u>

3 dr<u>y</u>

4 g<u>uy</u>

B 그림에 알맞은 단어를 찾아 **O**표 하고, 따라 써 보세요.

1
buy
by

2
body
baby

3
fifty
fry

50

4
by
jelly

C 그림을 보고, 두 단어 중 <u>알맞은</u> 것을 골라 **O**표 하세요.

①  **by** ⟶ **buy** some milk
우유를 사다

② sit **by** ⟶ **buy** the river
강 옆에 앉다

③   **by** ⟶ **buy** time
시간을 벌다

🔊 16-81

D 다음 문장에서 <u>알맞은</u> 단어를 골라 **O**표 하세요. 잘 듣고, 따라 읽으며 써 보세요.

① **Come and sit (by/buy) me.**
내 옆에 와서 앉아.

② **I will (by/buy) the shoes.**
나는 그 신발을 살 거야.

③ **The lamp is (by/buy) the chair.**
그 램프는 의자 옆에 있다.

 milk 우유 river 강 come 오다 sit 앉다 shoes 신발 lamp 램프 chair 의자

die
죽다

dye
염색하다

[**daɪ** / 다이]

두 단어가 왜 같은 발음인지 알아봐요.

🔊 17-82

die

d는 [d/ㄷ] 소리가 나요.
ie는 [aɪ/아이] 또는 [i(ː)/이(-)] 소리가 나요.

ie [aɪ/아이]

pie [paɪ/파이] 파이

tie [taɪ/타이] 묶다

ie [i(ː)/이(-)]

movie ['muːvi/무-비] 영화

cookie [kʊki/쿠키] 과자

dye

ye는 [aɪ/아이] 소리가 나요.

ye [aɪ/아이]

bye [baɪ/바이] 안녕

eye [aɪ/아이] 눈

rye [raɪ/라이] 호밀

만화로 소리☆ 탐험!

밑줄 친 우리말에 알맞은 단어를 골라 **O**표 하세요. 완성된 문장을 따라 써 보세요.

I'm going to (dye/die) my hair!

오늘 머리 염색할 거야!

You are ready to (dye/die)!

너 이제 죽을 각오해!

🔊 17-84

A 잘 듣고, 밑줄 친 부분의 발음이 <보기>와 다른 하나를 고르세요.

보기

p<u>ie</u>

❶

t<u>ie</u>

❷

cook<u>ie</u>

❸

e<u>ye</u>

B 그림에 알맞은 단어를 찾아 **O**표 하고, 따라 써 보세요.

❶

die / dye

❷

cookie / bye

❸

tie / pie

❹

rye / movie

C 그림을 보고, 두 단어 중 알맞은 것을 골라 **O**표 하세요.

① **die** **dye** a shirt blue
셔츠를 푸르게 물들이다

② **do or** **die** **dye**
죽을 각오로 하다, 이판사판

③ **die** **dye** one's hair
머리를 염색하다

🔊 17-85

D 다음 문장에서 알맞은 단어를 골라 **O**표 하세요. 잘 듣고, 따라 읽으며 써 보세요. •

① **One day we will (die/dye).**
언젠가 우리는 죽을 것이다.

_____

···

_____

② **She (died/dyed) her hair blonde.**
그녀는 머리를 금발로 염색했다.

_____

···

_____

③ **The actor (died/dyed) aged 80.**
그 배우는 80세 나이로 죽었다.

_____

···

_____

shirt 셔츠 hair 머리카락 one day 언젠가 blonde 금발 actor (남자) 배우 aged (나이가) ~살의

wait
기다리다

weight
무게

오늘의
소리☆

[weɪt / 웨이트]
두 단어가 왜 같은 발음인지 알아봐요.

◀))) 18-86

wait

ai는 [eɪ/에이] 소리가 나요.

ai [eɪ/에이]

tail [teɪl/테일] 꼬리

snail [sneɪl/스네일] 달팽이

train [treɪn/트뤠인] 기차

weight

ei는 [eɪ/에이] 소리가 나고,
eigh의 gh는 소리가 안 나요.

eigh [eɪ/에이]

weigh [weɪ/웨이] 무게를 달다

sleigh [sleɪ/슬레이] 썰매

ei [eɪ/에이]

veil [veɪl/ᵛ베일] 베일

beige [beɪʒ/베이쥐] 베이지 색

만화로 소리 ☆ 탐험!

밑줄 친 우리말에 알맞은 단어를 골라 **O**표 하세요. 완성된 문장을 따라 써 보세요.

We need to (wait/weight)!

기다려야 해.

I gained (wait/weight).

몸무게가 늘었어.

🔊 18-88

A 잘 듣고, 밑줄 친 부분의 발음이 <u>다른</u> 하나를 찾아 **O**표 하세요.

① h<u>e</u>n

② b<u>ei</u>ge

③ sn<u>ai</u>l

④ sl<u>eigh</u>

B 그림에 <u>알맞은</u> 단어를 찾아 **O**표 하고, 따라 써 보세요.

① wait
weight

② tail
snail

③ veil
beige

④ sleigh
train

C 그림을 보고, 두 단어 중 알맞은 것을 골라 **O**표 하세요.

1
(wait - weight) long
오래 기다리다

2
gain (wait - weight)
체중이 늘다

3
(wait - weight) for the train
기차를 기다리다

 18-89

D 다음 문장에서 알맞은 단어를 골라 **O**표 하세요. 잘 듣고, 따라 읽으며 써 보세요.

1 Let's (wait/weight) a bit longer.
조금 더 기다려 보자.

_____

2 It is about 10kg in (wait/weight).
그것은 무게가 약 10킬로그램이다.

_____

3 Please (wait/weight) behind the line.
줄 뒤에서 기다려 주세요.

_____

Tip long 오래 gain 얻다 let's ~하자 a bit 조금 about 약 behind ~뒤에 line 줄

waist
허리

waste
낭비하다, 쓰레기

🔍 오늘의
소리☆

[weIst / 웨이스트]
두 단어가 왜 같은 발음인지 알아봐요.

🔊 19-90

waist

ai는 [eI/에이] 소리가 나요.

ai [eI/에이]

rail [reIl/뤠일]
철도

nail [neIl/네일]
손톱

paint [peInt/페인트]
페인트

waste

a_e의 형태 단어에서 e는 발음하지 않고,
a는 이름처럼 [eI/에이]로 발음해요.

aste [eIst/에이스트]

haste [heIst/헤이스트]
서두름

paste [peIst/페이스트]
반죽

taste [teIst/테이스트]
맛보다

만화로 소리★ 탐험!

밑줄 친 우리말에 알맞은 단어를 골라 **O**표 하세요. 완성된 문장을 따라 써 보세요.

What is my (waist/waste) size?

내 허리 사이즈 몇이야?

Don't (waist/waste) your time.

시간 낭비하지 마.

퀴즈로 소리☆ 정복!

A 잘 듣고, 밑줄 친 부분의 발음이 <보기>와 <u>다른</u> 하나를 고르세요. ●━━

보기

r**ai**l

❶

r**u**n

❷

t**a**st**e**

❸

n**ai**l

B 그림에 알맞은 단어를 찾아 **O**표 하고, 따라 써 보세요.

❶
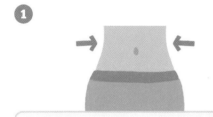

waste / waist

❷

haste / paste

❸

nail / rail

❹

taste / paint

C 그림을 보고, 두 단어 중 알맞은 것을 골라 **O**표 하세요.

1  **waist** **waste** - high

허리 높이의

2  **waist** **waste** bin

쓰레기 통

3  **waist** **waste** time

시간을 낭비하다

◀)) 19-93

D 다음 문장에서 알맞은 단어를 골라 **O**표 하세요. 잘 듣고, 따라 읽으며 써 보세요.

1 Don't (waist/waste) food.

음식을 낭비하지 마.

2 The grass is (waist/waste)-high.

풀이 허리 높이까지 온다.

3 I don't want to (waist/waste) time.

나는 시간 낭비하고 싶지 않다.

Tip high 높이가 …인 bin 통 time 시간 grass 풀 want 원하다

chilli
고추, 칠리

chilly
쌀쌀한, 추운

오늘의 소리 ☆

[tʃiil / 췰리]

두 단어가 왜 같은 발음인지 알아봐요.

🔊 20-94

chilli

ch는 [tʃ/취]로 발음해요
i로 끝나는 단어는 아주 드물어요.
이때 i는 [i/이] 소리가 나요.

ch [tʃ/취]

chin [tʃɪn/췬] 턱

cheese [ˈtʃiːz/취-ㅈ] 치즈

bench [bentʃ/벤취] 벤치

chilly

단어 끝에 오는 y는 [i/이] 또는
[aɪ/아이]로 발음해요.

y [i/이]

candy [kændi/캔디] 사탕
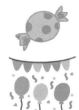

party [pɑːrti/파알-티] 파티

y [aɪ/아이]

cry [kraɪ/ㅋ롸이] 울다

sky [skaɪ/ㅅ카이] 하늘

밑줄 친 우리말에 <u>알맞은</u> 단어를 골라 **O**표 하세요. 완성된 문장을 따라 써 보세요.

It is very (chilli/chilly) today.
오늘 너무 춥다.

It's (chilli/chilly) snack!
칠리 과자야!

20-96

A 잘 듣고, 밑줄 친 부분의 발음이 <u>다른</u> 하나를 찾아 **O**표 하세요.

①	②	③	④

cand<u>y</u>	cr<u>y</u>	part<u>y</u>	chill<u>i</u>

B 그림에 알맞은 단어를 찾아 **O**표 하고, 따라 써 보세요.

① chilli
chilly

② chin
bench

③ cry
sky

④ cheese
chin

C 그림을 보고, 두 단어 중 <u>알맞은</u> 것을 골라 **O**표 하세요.

① feel chilli — chilly
추위를 느끼다

② chilli — chilly powder
고춧가루

③ chilli — chilly sauce
칠리 소스

🔊 20-97

D 다음 문장에서 <u>알맞은</u> 단어를 골라 **O**표 하세요. 잘 듣고, 따라 읽으며 써 보세요.

① I feel (chilli/chilly).
나는 추워.

② It is very (chilli/chilly) today!
오늘 너무 쌀쌀하다.

③ Serve with (chilli/chilly) sauce.
칠리 소스를 곁들여 봐.

 Tip feel 느끼다 powder 가루 sauce 소스 serve 제공하다

☆ <보기>에서 알맞은 단어를 찾아 빈칸에 쓰세요.

> 보기 **waste buy chilly wait dye**

1 우리는 기다려야 돼.

We need to ~~~~~~~~~~~~~.

2 모자를 사고 싶은데요.

I'd like to ~~~~~~~~~~~~~ a hat.

3 오늘 너무 춥다.

It is very ~~~~~~~~~~~~~ today.

4 시간 낭비하지마.

Don't ~~~~~~~~~~~~~ your time.

5 오늘 머리 염색할 거야!

I'm going to ~~~~~~~~~~~ my hair.

☆ 그림에 알맞은 단어가 되도록 선으로 연결해 보세요.

① chill · · i
· · y

② b · · uy
· · y

③ w · · ait
· · eight

④ w · · aist
· · aste

⑤ d · · ye
· · ie

bear

곰

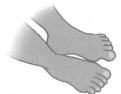

bare

벌거벗은, 맨-

[bɛər / 베얼]

두 단어가 왜 같은 발음인지 알아봐요.

🔊 21-100

bear

ear은 보통 [ɪər/이얼]로 읽어요.
bear에서는 예외로 [ɛər/에얼] 로 발음해요.

ear [ɛər/에얼]

pear [pɛər/페얼] 배

wear [wɛər/웨얼] 입다

ear [ɪər/이얼]

ear [ɪər/이얼] 귀

bare

are는 보통 [ɛər/에얼]로 발음해요.
be 동사 are은 예외로
[ɑː(r)/아알]로 발음해요.

are [ɛər/에얼]

care [kɛər/케얼] 돌봄

hare [hɛər/헤얼] 토끼

scare [skɛər/ㅅ케얼] 겁주다

밑줄 친 우리말에 알맞은 단어를 골라 O표 하세요. 완성된 문장을 따라 써 보세요.

Where is my teddy (bear/bare)?

내 곰 인형이 어디 갔지?

I don't like (bear/bare) bears.

난 벌거벗은 곰이 싫어.

 21-102

A 잘 듣고, 밑줄 친 부분의 발음이 <보기>와 <u>다른</u> 하나를 고르세요.

보기

w<u>ea</u>r

①

p<u>ea</u>r

②
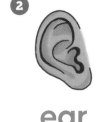
<u>ea</u>r

③

sc<u>are</u>

B 그림에 알맞은 단어를 찾아 **O**표 하고, 따라 써 보세요.

①
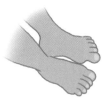

bare / bear

②

bear / wear

③

care / scare

④

ear / hare

C 그림을 보고, 두 단어 중 알맞은 것을 골라 **O**표 하세요.

① a polar **bare** — **bear**

북극곰

② **bare** — **bear** feet

맨발

③ a **bare** — **bear** tree

헐벗은(잎이 다 떨어진) 나무

🔊 21-103

D 다음 문장에서 알맞은 단어를 골라 **O**표 하세요. 잘 듣고, 따라 읽으며 써 보세요.

❶ I am afraid of (bare/bears).

나는 곰을 무서워한다.

❷ The kids were (bare/bear)foot.

아이들은 맨발이었다.

❸ The trees are already (bare/bear).

나무들은 이미 잎이 다 떨어졌다.

Tip polar 북극의 feet 발 afraid 두려워하는 kid 아이 barefoot 맨발의 already 이미, 벌써

fair
공정한, 공평한

fare
요금

오늘의 소리 ☆

[feər / f페얼]

두 단어가 왜 같은 발음인지 알아봐요.

🔊 22-104

fair

f는 [f/f프]로 발음해요.
air은 [ɛər/에얼]로 발음해요.

air [ɛər/에얼]

hair [hɛər/헤얼]
머리카락

chair [tʃɛər/체얼]
의자

stair [stɛər/ㅅ테얼]
계단

fare

are은 보통 [ɛər/에얼]로 발음해요.

are [ɛər/에얼]

share [ʃɛər/쉐얼]
나누다

spare [spɛər/ㅅ페얼]
남는, 여분의

stare [stɛər/ㅅ테얼]
빤히 쳐다보다

밑줄 친 우리말에 알맞은 단어를 골라 **O**표 하세요. 완성된 문장을 따라 써 보세요.

It's not (fair/fare)!
이건 공평하지 않아!

I'll pay for the (fair/fare).
요금은 내가 낼게.

 22-106

A 잘 듣고, 밑줄 친 부분의 발음이 다른 하나를 찾아 **O**표 하세요.

❶ h<u>air</u>

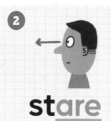
❷ st<u>are</u>

❸ st<u>ore</u>

❹ sp<u>are</u>

B 그림에 알맞은 단어를 찾아 **O**표 하고, 따라 써 보세요.

❶ fare / fair

❷ stair / stare

❸ hair / chair

❹ share / spare

C 그림을 보고, 두 단어 중 알맞은 것을 골라 **O**표 하세요.

①  **fair** **fare** play
정정당당한 시합

②  taxi **fair** **fare**
택시 요금

③ pay the **fair** **fare**
차비를 내다

🔊 22-107

D 다음 문장에서 알맞은 단어를 골라 **O**표 하세요. 잘 듣고, 따라 읽으며 써 보세요.

① **It's not (fair/fare)!**
이건 공평하지 않아!

② **Jack paid the (fair/fare).**
잭은 요금을 냈다.

③ **Please play a (fair/fare) game.**
정정당당한 경기를 하세요.

 play 경기 진행, 놀이 pay 지불하다 paid 지불했다 please 부디 game 게임

flour
밀가루

flower
꽃

오늘의
소리 ☆

[flaʊə(r) / ᶠ플라우얼]

두 단어가 왜 같은 발음인지 알아봐요.

🔊 23-108

flour

our는 [aʊə(r)/아우얼]로 소리 나요.
[ɔːr/오얼]로 발음할 때도 있어요.

our [aʊə(r)/아우얼]

sour [saʊə(r)/사우얼] 신맛의

our [ɔːr/오얼]

pour [pɔːr/포얼] 붓다

flower

ower은 [aʊə(r)/아우얼] 소리가 나요.

ower [aʊə(r)/아우얼]

tower [taʊə(r)/타우얼] 탑

power [paʊə(r)/파우얼] 힘

shower [ʃaʊə(r)/샤우얼] 샤워기

밑줄 친 우리말에 <u>알맞은</u> 단어를 골라 **O**표 하세요. 완성된 문장을 따라 써 보세요.

Give me some (flower/flour).
밀가루 좀 줘 봐.

It's a cake made of (flowers/flour)!
꽃으로 만든 케이크잖아!

23-110

A 잘 듣고, 밑줄 친 부분의 발음이 <보기>와 다른 하나를 고르세요.

보기

t<u>ow</u>er

①

sh<u>ower</u>

②

p<u>our</u>

③

s<u>our</u>

B 그림에 알맞은 단어를 찾아 O표 하고, 따라 써 보세요.

①

flour / flower

②

power / shower

③

flour / tower

④

pour / sour

C 그림을 보고, 두 단어 중 알맞은 것을 골라 **O**표 하세요.

1 a cup of [**flour** ~ **flower**]
밀가루 한 컵

2 a [**flour** ~ **flower**] bed
화단

3 a wild [**flour** ~ **flower**]
야생화, 들꽃

🔊 23-111

D 다음 문장에서 알맞은 단어를 골라 **O**표 하세요. 잘 듣고, 따라 읽으며 써 보세요. ●

1 This (flour/flower) smells good.
이 꽃은 향기가 좋다.

2 I need (flour/flower) and eggs.
나는 밀가루와 계란이 필요하다.

3 What beautiful (flour/flowers)!
꽃들이 정말 아름다워!

Day 23 ▸ flour/flower   111

hear
듣다, 들리다

here
여기에

오늘의
소리 ☆

[hɪər / 히얼]

두 단어가 왜 같은 발음인지 알아봐요.

🔊 24-112

hear

ear은 [ɪər/이얼] 또는
[ɛər/에얼]로 발음해요.

ear[ɪər/이얼]

fear[fɪər/ᶠ피얼] 공포

year[jɪər/이얼] 해, 년

ear[ɛər/에얼]

tear[tɛər/테얼] 찢다

* tear[tɪə(r)/티얼] 눈물

swear[swɛər/ㅅ웨얼] 맹세하다

here

ere은 [ɪər/이얼]로 발음해요.
eer도 같은 소리가 나요.

ere[ɪər/이얼]

mere[mɪər/미얼] 겨우

eer[ɪər/이얼]

beer[bɪər/비얼] 맥주

deer[dɪər/디얼] 사슴

밑줄 친 우리말에 알맞은 단어를 골라 **O**표 하세요. 완성된 문장을 따라 써 보세요.

Can you (hear/here) me?

제 말 들려요?

....

(Hear/Here) it is.

여기 있어요.

....

퀴즈로 소리 ☆ 정복!

 24-114

A 잘 듣고, 밑줄 친 부분의 발음이 <u>다른</u> 하나를 찾아 **O**표 하세요.

❶ d<u>ee</u>r

❷ t<u>ea</u>r

❸ f<u>ea</u>r

❹ y<u>ea</u>r

B 그림에 알맞은 단어를 찾아 **O**표 하고, 따라 써 보세요.

❶

here

hear

_____

❷

deer

beer

_____

❸

swear

year

_____

❹

mere

hear

_____

C 그림을 보고, 두 단어 중 <u>알맞은</u> 것을 골라 **O**표 하세요.

1

hear **here** music
음악을 듣다

2

stay **hear** **here**
여기 머물다

3

hear **here** you
네 말이 들리다

 24-115

D 다음 문장에서 <u>알맞은</u> 단어를 골라 **O**표 하세요. 잘 듣고, 따라 읽으며 써 보세요. •

1 **The pizza is (hear/here).**
피자는 여기 있다.

_____

....

_____

2 **He will come (hear/here) tomorrow.**
그는 내일 여기에 올 것이다.

_____

....

_____

3 **I can (hear/here) music.**
음악 소리가 들린다.

_____

....

_____

 music 음악 stay 머물다 come 오다 tomorrow 내일

board
판, 보드

bored
지루한

오늘의 소리 ☆

[**bɔːrd** / 보얼드]

두 단어가 왜 같은 발음인지 알아봐요.

🔊 25-116

board

oa는 [oʊ/오우] 소리가 나지만
r이 붙은 oar은 [ɔːr/오얼] 소리가 나요.

oar [ɔːr/오얼]

roar [rɔːr/로얼] **울부짖다**

soar [sɔːr/소얼] **날아오르다**

oa [oʊ/오우]

toast [toʊst/토우스트] **토스트**

bored

ore는 [ɔːr/오얼] 소리가 나요.

ore [ɔːr/오얼]

score [skɔːr/ㅅ코얼]
득점

snore [snɔːr/ㅅ노얼]
코를 골다

store [stɔːr/ㅅ토얼]
가게

밑줄 친 우리말에 알맞은 단어를 골라 **O**표 하세요. 완성된 문장을 따라 써 보세요.

I am so (board/bored).

너무 지루해.

Let's play a (board/bored) game!

우리 보드게임 한판 하자!

25-118

A 잘 듣고, 밑줄 친 부분의 발음이 <보기>와 <u>다른</u> 하나를 고르세요.

보기

st<u>o</u>re

1

sc<u>ore</u>

2

s<u>oar</u>

3

t<u>oa</u>st

B 그림에 알맞은 단어를 찾아 **O**표 하고, 따라 써 보세요.

1

board / bored

2

soar / snore

3

bored / toast

4

score / roar

C 그림을 보고, 두 단어 중 알맞은 것을 골라 **O**표 하세요.

① a black **board** **bored**

칠판

② get **board** **bored**

심심하다, 지루하다

③ a cutting **board** **bored**

도마

◀)) 25-119

D 다음 문장에서 알맞은 단어를 골라 **O**표 하세요. 잘 듣고, 따라 읽으며 써 보세요.

① Are you (board/bored)?

너는 지루하니?

② He is (board/bored) with his job.

그는 그의 직업에 싫증을 느낀다.

③ Write it on the (board/bored).

그것을 보드에 써 봐.

 black 검은 cutting 칼질 job 직업 write 쓰다 on ~위에

☆ 사다리를 타고 내려가 보세요! 도착한 빈칸에 알맞은 단어를 <보기>에서 찾아 쓰세요.

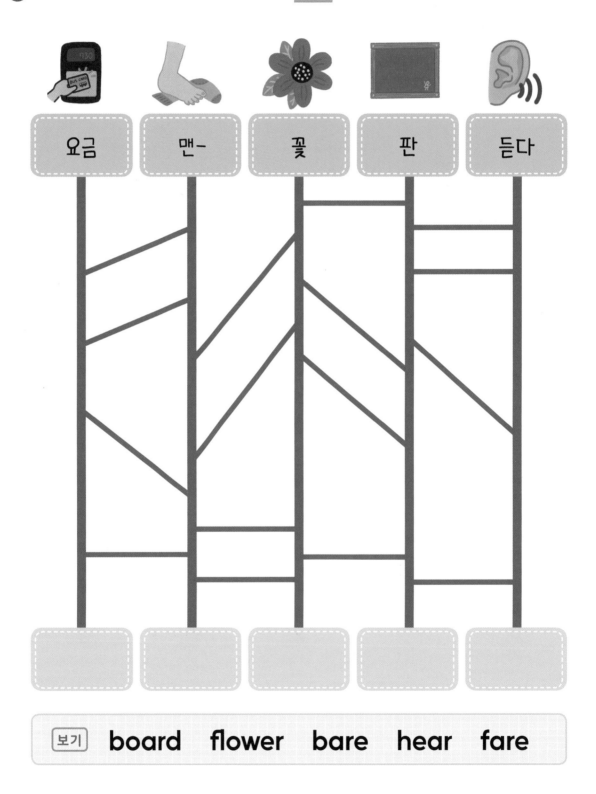

요금　맨~　꽃　판　듣다

보기 **board flower bare hear fare**

☆ 빈칸에 알맞은 단어를 <보기>에서 찾아 쓰고, 오른쪽 퍼즐에서 선을 연결해 보세요.

보기 **fair   bored   flour   here   bear**

1 내 곰 인형이 어디 있지?

Where is my teddy ～～～～～？

b	e	x
t	a	l
i	r	c

2 너무 지루해.

I am so ～～～～.

a	v	p
b	o	r
z	d	e

3 이건 공평하지 않아.

It's not ～～～～.

f	a	o
b	i	r
m	n	q

4 밀가루 좀 갖다 줘.

Give me some ～～～～.

f	u	y
l	e	k
o	u	r

5 제 말 들려요?

Can you ～～～～ me?

r	x	i
h	e	j
z	a	r

hole
구멍, 구덩이

whole
전체의

[houl / 호울]

두 단어가 왜 같은 발음인지 알아봐요.

◀)) 26-122

hole

h는 [h/ㅎ] 소리가 나요.

h [h/ㅎ]

ham [hæm/햄] 햄

house [haʊs/하우ㅅ] 집

horse [hɔːrs/호올ㅅ] 말

whole

보통 wh에서 h는 소리가 안 나고,
w만 소리 나요. 예외로, whole의 wh는
w 소리가 안 나고, h만 소리 나요.

wh [h/ㅎ]

who [huː/후-] 누구

whose [huːz/후-ㅈ] 누구의

wh [w/워]

whale [weɪl/웨일] 고래

what [wɑːt/와ㅌ] 무엇

밑줄 친 우리말에 알맞은 단어를 골라 **O**표 하세요. 완성된 문장을 따라 써 보세요.

It is in the (hole/whole)!
그건 구멍 속에 있지롱!

You can't have the (hole/whole) cake.
케이크를 통째로는 못 가져가지.

A 잘 듣고, 밑줄 친 부분의 발음이 <u>다른</u> 하나를 찾아 O표 하세요. ●━━━━━

◀)) 26-124

❶	❷	❸	❹
	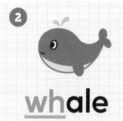		
<u>wh</u>o	<u>wh</u>ale	<u>h</u>orse	<u>h</u>ouse

B 그림에 알맞은 단어를 찾아 O표 하고, 따라 써 보세요.

❶
hole
whole

❷
ham
house

❸
whale
whose

❹
horse
what

C 그림을 보고, 두 단어 중 <u>알맞은</u> 것을 골라 **O**표 하세요.

1
a (**hole** — **whole**) cake
케이크 한 통

2
dig a (**hole** — **whole**)
구멍을 파다

3
the (**hole** — **whole**) weekend
주말 내내

 26-125

D 다음 문장에서 <u>알맞은</u> 단어를 골라 **O**표 하세요. 잘 듣고, 따라 읽으며 써 보세요.

1 I ate the (hole/whole) pizza.
나는 피자 한 판을 다 먹었다.

2 The dog dug a (hole/whole).
그 개가 구멍을 하나 팠다.

3 There's a (hole/whole) in the roof.
지붕에 구멍이 있다.

 dig (땅을) 파다 ate 먹었다 dug 팠다 roof 지붕

hour
1시간, 시각

our
우리의

오늘의 소리 ☆

[aʊər / 아우얼]

두 단어가 왜 같은 발음인지 알아봐요.

🔊 27-126

hour

h는 [h/ㅎ] 소리가 나지만
일부 단어에서는 소리가 안 나요.

h [-]

school [skuːl/스쿠울] 학교

ghost [goʊst/고우스트] 유령

honest [ɑːnɪst/아니스트] 정직한

our

our는 [aʊər/아우얼]로 발음해요.
oor, ore처럼 [ɔːr/오얼]로 발음할 때도 있어요.

[ɔːr/오얼] 소리가 나는 단어

four [fɔːr/ᶠ포얼] 4, 넷

door [dɔːr/도얼] 문

shore [ʃɔːr/쇼얼] 해변

만화로 소리★탐험!

밑줄 친 우리말에 알맞은 단어를 골라 **O**표 하세요. 완성된 문장을 따라 써 보세요.

The plane took off an (hour/our) ago.

비행기는 1시간 전에 떠났어요.

(Hour/Our) clock was broken.

우리 집 시계가 고장 났어요.

 27-128

A 잘 듣고, 밑줄 친 부분의 발음이 <보기>와 같은 하나를 고르세요.

보기

f<u>our</u>

❶

h<u>our</u>

❷

d<u>oo</u>r

❸

fl<u>our</u>

B 그림에 알맞은 단어를 찾아 **O**표 하고, 따라 써 보세요.

❶

hour / our

❷

honest / ghost

❸

school / door

❹

door / shore

C 그림을 보고, 두 단어 중 알맞은 것을 골라 **O**표 하세요.

①  half an | **hour** ⟿ **our** |
30분

② | **hour** ⟿ **our** | house
우리 집

③ opening | **hours** ⟿ **ours** |
영업 시간

◀)) 27-129

D 다음 문장에서 알맞은 단어를 골라 **O**표 하세요. 잘 듣고, 따라 읽으며 써 보세요.

① (Hour/Our) dog barked loudly.
우리 개가 크게 짖었다.

_____

_____

② It takes an (hour/our) to get here.
거기에 가려면 1시간 정도 걸린다.

_____

_____

③ (Hour/Our) office (hours/ours) are from 9 to 5.
우리 회사 근무 시간은 9시부터 5시까지다.

_____

_____

Tip half 1/2, 30분 opening 개장, 시작의 bark 짖다 loudly 크게 take (시간이) 걸리다 office 회사

knight
기사

night
밤

오늘의
소리 ☆

[naɪt / 나이트]

두 단어가 왜 같은 발음인지 알아봐요.

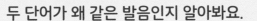

◄)) 28-130

knight

kn의 k는 소리가 안 나요.
n만 [n/ㄴ] 소리가 나요.

kn[n/ㄴ]

knee[niː/니-] 무릎

knife[naɪf/나이ᶠㅍ] 칼

knot[nɑːt/나트] 매듭

night

n은 [n/ㄴ] 소리가 나요.
ight의 gh는 소리가 안 나요.

n[n/ㄴ]

net[net/네트] 그물

nut[nʌt/너트] 견과

nine[naɪn/나인] 9, 아홉

만화로 소리⭐ 탐험!

밑줄 친 우리말에 알맞은 단어를 골라 **O**표 하세요. 완성된 문장을 따라 써 보세요.

Who are you at (knight/night)?
밤중에 누구세요?

I am your (knight/night)!
당신의 기사요!

 28-132

A 잘 듣고, 밑줄 친 부분의 발음이 <u>다른</u> 하나를 찾아 **O**표 하세요. •

① <u>kn</u>ife

② <u>k</u>ite

③ <u>n</u>ine

④ <u>kn</u>ee

B 그림에 알맞은 단어를 찾아 **O**표 하고, 따라 써 보세요.

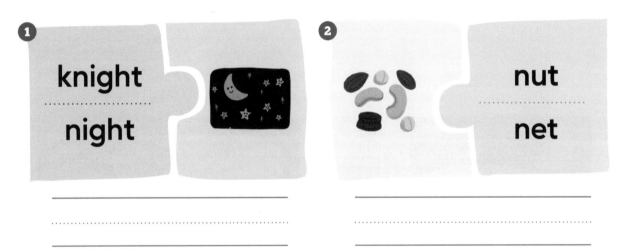

① knight / night

② nut / net

③ knee / knot

④ nine / knife

C 그림을 보고, 두 단어 중 <u>알맞은</u> 것을 골라 **O**표 하세요.

❶ a [**knight** — **night**] on a white horse

백마를 탄 기사

❷ day and [**knight** — **night**]

밤낮으로

❸ Good [**knight** — **night**] .

잘 자.

28-133

D 다음 문장에서 <u>알맞은</u> 단어를 골라 **O**표 하세요. 잘 듣고, 따라 읽으며 써 보세요.

❶ **It was a dark (knight/night).**

어두운 밤이었다.

❷ **The (knight/night) was brave.**

그 기사는 용감했다.

❸ **I never saw a (knight/night) before.**

나는 전에 기사를 본 적이 없다.

 white 흰 day 낮 dark 어두운 brave 용감한 never 결코 before 전에

know
알다

no
아니, 금지

오늘의
소리 ☆

[nou / 노우]

두 단어가 왜 같은 발음인지 알아봐요.

◀)) 29-134

know

kn의 k는 소리가 안 나요.
ow는 [ou/오우] 또는 [au/아우] 소리가 나요.

ow [ou/오우]

slow [slou/슬로우] 느린

snow [snou/스노우] 눈

ow [au/아우]

cow [kau/카우] 암소

vow [vau/ᵛ바우] 맹세

no

n은 [n/ㄴ] 소리가 나요.
o는 [ou/오우] 또는 [u/우] 소리가 나요.

o [ou/오우]

go [gou/고우] 가다

so [sou/소우] 그래서

o [u/우]

do [du/하다] 하다

to [tu/투] ~로

밑줄 친 우리말에 알맞은 단어를 골라 O표 하세요. 완성된 문장을 따라 써 보세요.

Do you (know/no) her name?

저 여자애 이름 아니?

(Know/No), I don't.

아니, 몰라.

퀴즈로 소리☆ 정복!

🔊 29-136

A 잘 듣고, 밑줄 친 부분의 발음이 〈보기〉와 **다른** 하나를 고르세요. ●────

보기

sn<u>ow</u>

❶

g<u>o</u>

❷

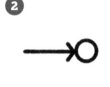

t<u>o</u>

❸

sl<u>ow</u>

B 그림에 알맞은 단어를 찾아 **O**표 하고, 따라 써 보세요.

❶

no / know

❷

do / cow

❸

vow / snow

❹

slow / to

C 그림을 보고, 두 단어 중 알맞은 것을 골라 O표 하세요.

1 know ─ no - how
요령, 비결

2 know ─ no the answer
답을 알다

3 say know ─ no
거절하다

29-137

D 다음 문장에서 알맞은 단어를 골라 O표 하세요. 잘 듣고, 따라 읽으며 써 보세요.

1 I (know/no) you did it.
난 네가 그걸 했다는 것을 알고 있다.

2 I (know/no) eveything.
나는 모든 것을 알아.

3 (Know/No), I don't (know/no).
아니야, 난 몰라.

Tip　how 어떻게　answer 대답　say 말하다　did 했다　eveything 모든 것

right
오른쪽, 옳은

write
쓰다

오늘의 소리 ☆

[raɪt / 롸이ㅌ]

두 단어가 왜 같은 발음인지 알아봐요.

🔊 30-138

right

r은 [r/뤄] 소리가 나요.
ight의 gh는 소리가 안 나요.

r [r/뤄]

rug [rʌg/뤄ㄱ] 깔개, 양탄자

race [reɪs/뤠이ㅅ] 경주

rose [roʊz/뤄우ㅈ] 장미

write

wr의 w는 소리가 안 나요.
ite의 e는 묵음이고, i는 [aɪ/아이]로 발음해요.

wr [r/뤄]

wrap [ræp/뢔ㅍ] 싸다

wrist [rɪst/뤼스ㅌ] 손목

wrong [rɔːŋ/뤙] 틀린

만화로 소리★ 탐험!

밑줄 친 우리말에 알맞은 단어를 골라 **O**표 하세요. 완성된 문장을 따라 써 보세요.

I can't (right/write) a sentence!

한 문장도 쓸 수가 없어!

Yes, you're (right/write).

네, 맞아요.

30-140

A 잘 듣고, 밑줄 친 부분의 발음이 <u>다른</u> 하나를 찾아 O표 하세요.

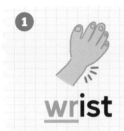
① <u>wr</u>ist

② <u>wr</u>ong

③ <u>w</u>on

④ <u>r</u>ace

B 그림에 알맞은 단어를 찾아 O표 하고, 따라 써 보세요.

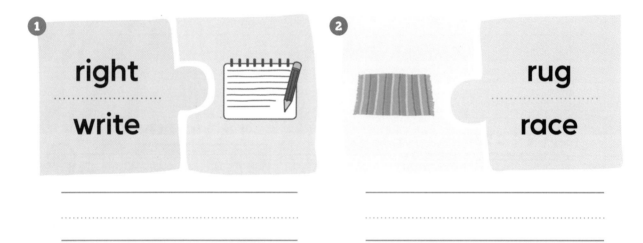

① right / write

② rug / race

③ rose / wrist

④ wrap / wrong

C 그림을 보고, 두 단어 중 <u>알맞은</u> 것을 골라 **O**표 하세요.

①  **right** ~ **write** an email
이메일을 쓰다

② **right** ~ **write** or wrong
좋든 나쁘든

③  turn **right** ~ **write**
우회전하다

📢 30-141

D 다음 문장에서 <u>알맞은</u> 단어를 골라 **O**표 하세요. 잘 듣고, 따라 읽으며 써 보세요.

① **Go straight and turn (right/write).**
똑바로 가서 오른쪽으로 도세요.

_____

② **I try to (right/write) neatly.**
나는 글씨를 단정히 쓰려고 노력한다.

_____

③ **Can you (right/write) your name in English?**
네 이름을 영어로 쓸 수 있니?

_____

⭐**Tip** email 이메일 wrong 틀린 turn 돌다 straight 똑바로 neatly 단정히

☆ '소리 공주'가 무도회에 입고 갈 의상을 고르고 있어요. 공주의 설명을 읽고, 해당 번호에 어울리는 의상을 모두 골라서 **O**표 해 주세요!

❶

| our | hour |

❷

| knight | night |

❸

| hole | whole |

❹

| no | know |

❺

| right | write |

안녕, 난 소리별에 사는 소리 공주야.
무도회에 입고 갈 의상을 골라줄래?
❶**우리의** 멋진 ❷**기사**님이 좋아하는 스타일로,
❸**전체**적으로 우아한 느낌으로 부탁해.
너무 화려하면 ❹**안 돼**! 외우기 힘드니?
종이에 ❺**써서** 줄까?

아래 <힌트>를 읽고 퍼즐에 들어갈 단어를 <보기>에서 찾아 써 보세요.

보기

night hole
hour right
know

<세로 힌트>

① **Do you _____ her name?** 저 애 이름 아니?

③ **Yes, you're _____.** 그래, 네가 맞아!

<가로 힌트>

② **The plane took off an _____ ago.** 비행기는 1시간 전에 떠났어요.

④ **There is a _____ in the wall.** 벽에 구멍이 하나 있어요!

⑤ **What's going on at _____?** 밤에 무슨 일이지?

뜻만 다른 뜻☆ 단어

band [bænd]

띠, 끈

밴드, 악단

bark [bɑːrk]

(개가) 짖다

나무껍질

bat [bæt]

야구 방망이

박쥐

break [breɪk]

부수다

휴식

bow [boʊ]

나비넥타이

활

fall [fɔːl]

떨어지다

가을

🔊 부록-144

fly [flaɪ]

파리 날다

left [left]

왼쪽 떠났다

letter [letər]

편지 글자

nail [neɪl]

손톱 못

palm [pɑːm]

손바닥 야자수

park [pɑːrk]

공원 주차하다

play [pleɪ]

연극

놀다

ring [rɪŋ]

(벨, 전화)울리다

반지

right [raɪt]

오른쪽

옳은

ruler [ruːlə(r)]

자

통치자

scale [skeɪl]

눈금자

비늘

seal [siːl]

물개

직인, 도장

🔊 부록-146

sink [sɪŋk]

개수대, 싱크대

가라앉다

slide [slaɪd]

미끄럼틀

미끄러지다

tie [taɪ]

묶다

넥타이

trunk [trʌŋk]

코끼리 코

나무 몸통

watch [wɑːtʃ]

(지켜)보다

시계

wave [weɪv]

(손팔을)흔들다

파도, 물결

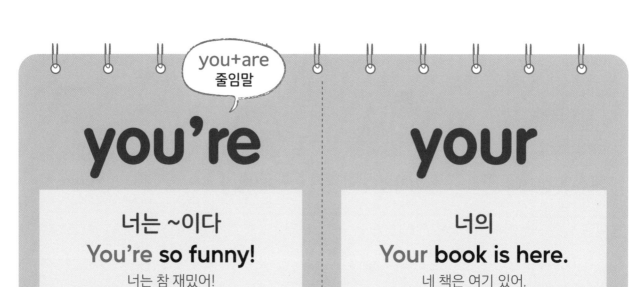

you're

you+are
줄임말

너는 ~이다
You're **so funny!**
너는 참 재밌어!

your

너의
Your **book is here.**
네 책은 여기 있어.

they're

they+are
줄임말

그들은 ~이다
They're **tall.**
그들은 키가 커.

their

그들의
That's **thier car.**
저것은 그들의 차야.

there

저기에
The ball is over **there.**
공은 저쪽에 있어.

🔊 부록-148

to

~로
We went to school.
우리는 집으로 갔다.

too

너무, 매우
It's too hot.
너무 더워.

two

2, 둘
I have two dogs.
난 개 두 마리가 있다.

발음이 달라요.

then [ðen]

그때
Then the rain came.
그때 비가 내렸다.

than [ðæn]

~보다
He is taller than me.
그가 나보다 키가 커.

발음이 달라요.

of [ʌv]

~의
It's the lid of the box.
그건 그 상자의 뚜껑이다.

off [ɔːf]

~에서 떨어져
I fell off the ladder.
나는 사다리에서 떨어졌다.

정답

Day 1

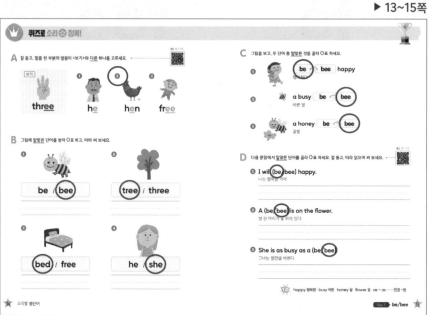

Day 2

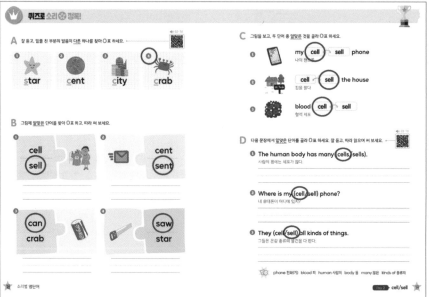

Day3

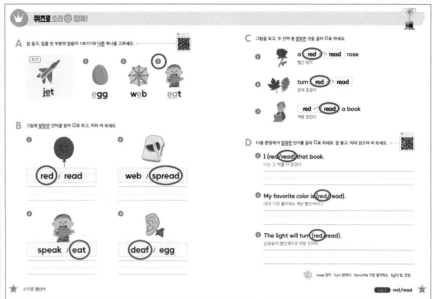

Day4

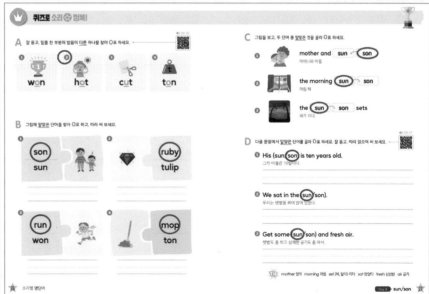

Day 5

▶ 29~31쪽

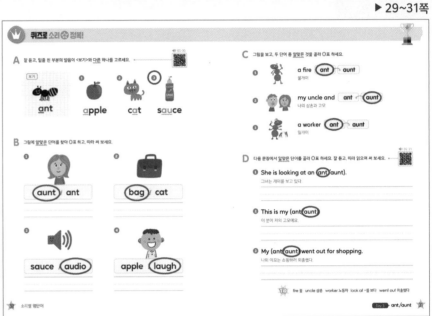

Day 6

▶ 35~37쪽

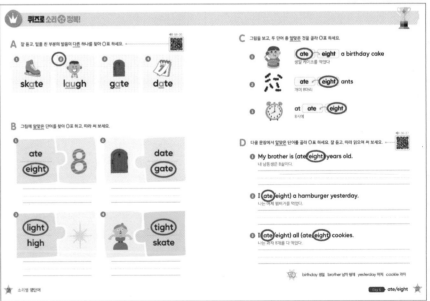

Day 7

🔍 만화로 소리 탐험!

밑줄 친 우리말에 알맞은 단어를 골라 ○표 하세요. 완성된 문장을 따라 써 보세요.

Is this on (sale)/sail)?
이거 팔아요?

It's for (sale/sail)
이건 항해용이야

Day 7 · sale/sail

👑 퀴즈로 소리 정복!

A 잘 듣고, 밑줄 친 부분의 발음이 <보기>와 다른 하나를 고르세요.

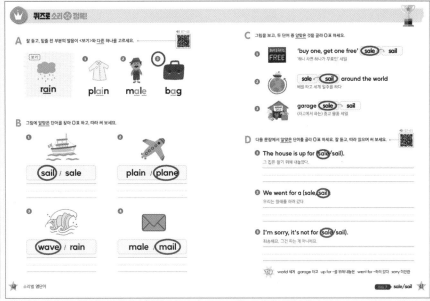

보기
rain
① plain
② male
③ bag

B 그림에 알맞은 단어를 찾아 ○표 하고, 따라 써 보세요.

① (sail) / sale

② plain /(plane)

③ (wave) / rain

④ male /(mail)

C 그림을 보고, 두 단어 중 알맞은 것을 골라 ○표 하세요.

① 'buy one, get one free' (sale)/ sail
'하나 사면 하나가 무료인' 세일

② (sale)/ sail around the world
배를 타고 세계 일주를 하다

③ garage (sale)/ sail
(차고에서 하는) 중고 물품 세일

D 다음 문장에서 알맞은 단어를 골라 ○표 하세요. 잘 듣고, 따라 읽으며 써 보세요.

① The house is up for (sale/sail).
그 집은 팔기 위해 내놓았다.

② We went for a (sale/(sail)).
우리는 항해를 하러 갔다.

③ I'm sorry, it's not for (sale/sail).
죄송해요, 그건 파는 게 아니에요.

TIP world 세계 garage 차고 up for ~을 위해 내놓은 went for ~하러 갔다 sorry 미안한

Day 7 · sale/sail

소리별 영단어

Day 8

🔍 만화로 소리 탐험!

밑줄 친 우리말에 알맞은 단어를 골라 ○표 하세요. 완성된 문장을 따라 써 보세요.

Use your bike (brakes)/breaks).
자전거 브레이크를 써 봐.

(Brake/(Break)) the chocolate in two!
그 초콜릿 둘로 나눠 줘!

Day 8 · brake/break

👑 퀴즈로 소리 정복!

A 잘 듣고, 밑줄 친 부분의 발음이 다른 하나를 찾아 ○표 하세요.

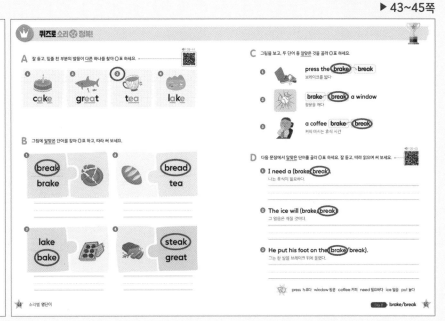

① cake
② great
③ tea
④ lake

B 그림에 알맞은 단어를 찾아 ○표 하고, 따라 써 보세요.

① (break) / brake

② bread / tea

③ lake / (bake)

④ (steak) / great

C 그림을 보고, 두 단어 중 알맞은 것을 골라 ○표 하세요.

① press the (brake)/ break
브레이크를 밟다

② brake /(break)) a window
창문을 깨다

③ a coffee brake /(break)
커피 마시는 휴식 시간

D 다음 문장에서 알맞은 단어를 골라 ○표 하세요. 잘 듣고, 따라 읽으며 써 보세요.

① I need a (brake/(break)).
나는 휴식이 필요하다.

② The ice will (brake/(break)).
그 얼음은 깨질 것이다.

③ He put his foot on the (brake)/break).
그는 한 발을 브레이크 위에 올렸다.

TIP press 누르다 window 창문 coffee 커피 need 필요하다 ice 얼음 put 놓다

Day 8 · brake/break

소리별 영단어

Day 9

▶ 47~49쪽

만화로 소리 탐험!

밑줄 친 우리말에 알맞은 단어를 골라 O표 하세요. 완성된 문장을 따라 써 보세요.

My (heals / **heels**) hurt.

Let me (**heal** / heel) you.

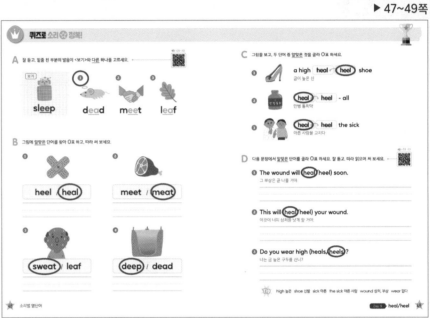

퀴즈로 소리 정복!

A 잘 듣고, 밑줄 친 부분의 발음이 <보기>와 다른 하나를 고르세요.

<보기> sleep ① d**ea**d ② m**ee**t ③ l**ea**f

B 그림에 알맞은 단어를 찾아 O표 하고, 따라 써 보세요.

① heel / **heal**   ② meet / **meat**

③ **sweat** / leaf   ④ **deep** / dead

C 그림을 보고, 두 단어 중 알맞은 것을 골라 O표 하세요.

① a high heal / **heel** shoe
② **heal** / heel - all
③ **heal** / heel the sick

D 다음 문장에서 알맞은 단어를 골라 O표 하세요. 잘 듣고, 따라 읽으며 써 보세요.

① The wound will (**heal** / heel) soon.
② This will (**heal** / heel) your wound.
③ Do you wear high (heals / **heels**)?

high 높은 shoe 신발 sick 아픈 the sick 아픈 사람 wound 상처, 부상 wear 입다

Day 10

▶ 51~53쪽

만화로 소리 탐험!

밑줄 친 우리말에 알맞은 단어를 골라 O표 하세요. 완성된 문장을 따라 써 보세요.

You are too (week / **weak**).

See you after two (**weeks** / weak)!

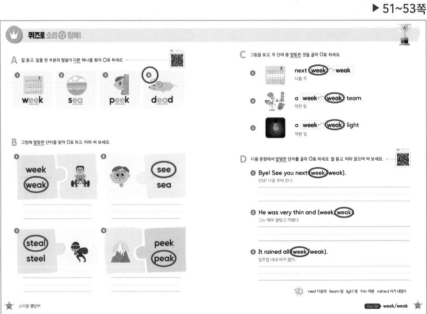

퀴즈로 소리 정복!

A 잘 듣고, 밑줄 친 부분의 발음이 다른 하나를 찾아 O표 하세요.

① w**ee**k ② s**ea** ③ p**ee**k ④ d**ea**d

B 그림에 알맞은 단어를 찾아 O표 하고, 따라 써 보세요.

① week / **weak**   ② **see** / sea

③ steal / **steel**   ④ peek / **peak**

C 그림을 보고, 두 단어 중 알맞은 것을 골라 O표 하세요.

① next **week** / weak
② a week / **weak** team
③ a week / **weak** light

D 다음 문장에서 알맞은 단어를 골라 O표 하세요. 잘 듣고 따라 읽으며 써 보세요.

① Bye! See you next (**week** / weak).
② He was very thin and (week / **weak**).
③ It rained all (**week** / weak).

next 다음의 team 팀 light 빛 thin 마른 rained 비가 내렸다

Day 11

▶ 57~59쪽

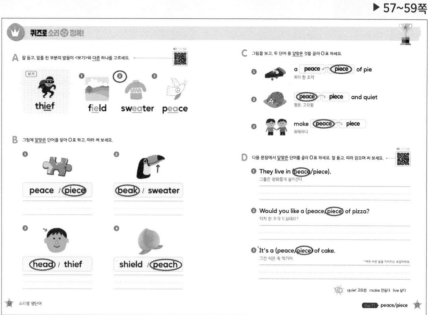

Day 12

▶ 61~63쪽

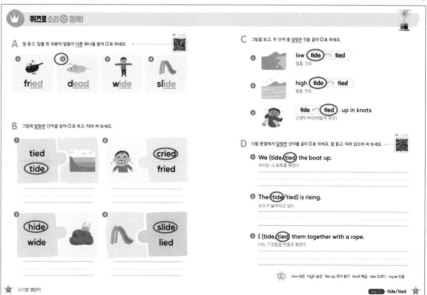

Day 13

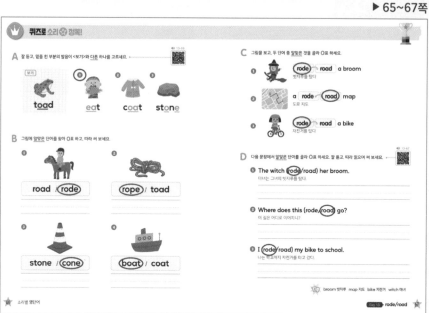

Day 14

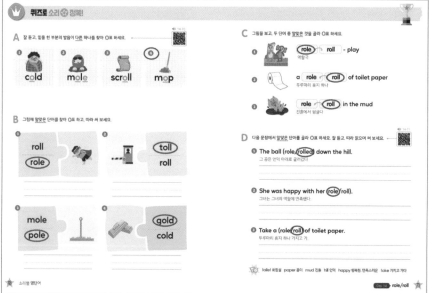

▶ 73~75쪽

Day 15

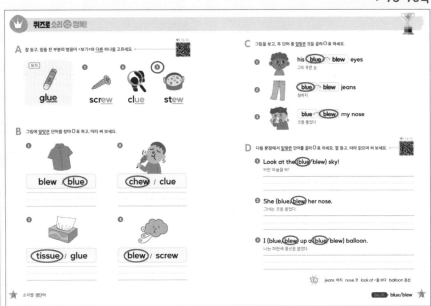

▶ 79~81쪽

Day 16

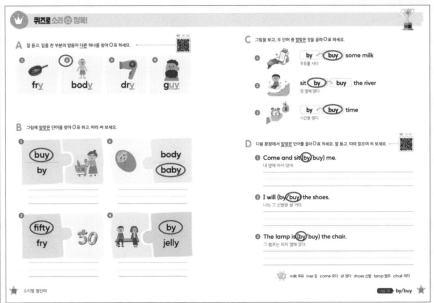

Day 17

▶ 83~85쪽

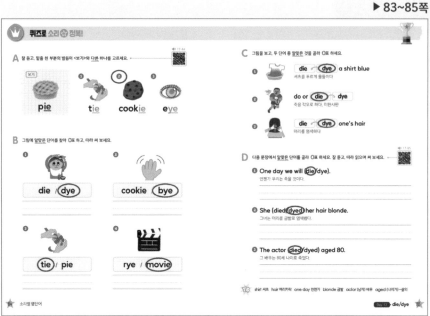

Day 18

▶ 87~89쪽

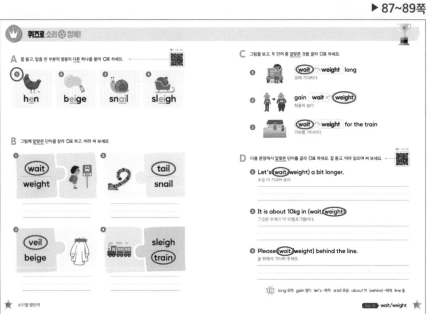

Day 19

▶ 91~93쪽

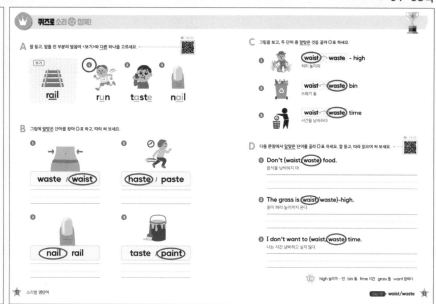

Day 20

▶ 95~97쪽

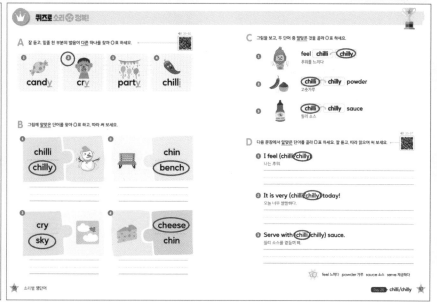

Day 21

▶ 101~103쪽

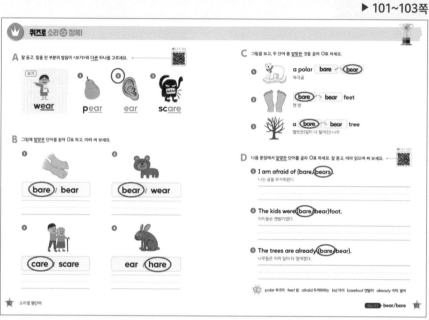

Day 22

▶ 105~107쪽

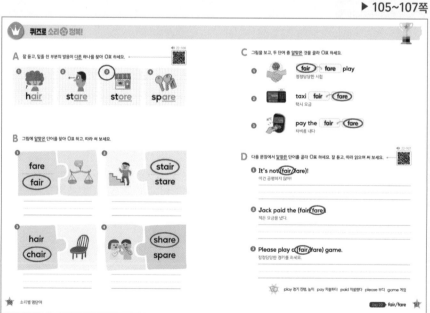

▶ 109~111쪽

Day 23

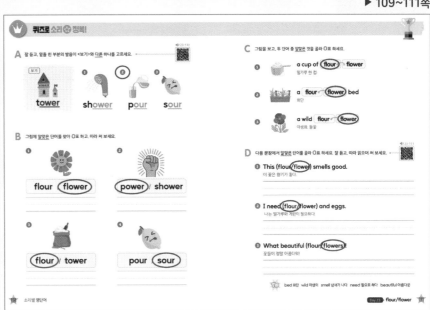

▶ 113~115쪽

Day 24

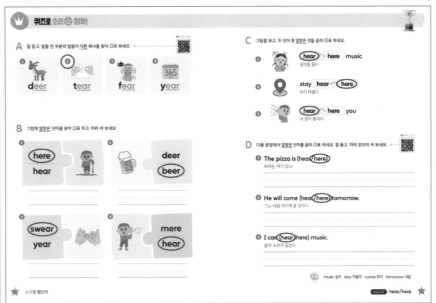

▶ 117~119쪽

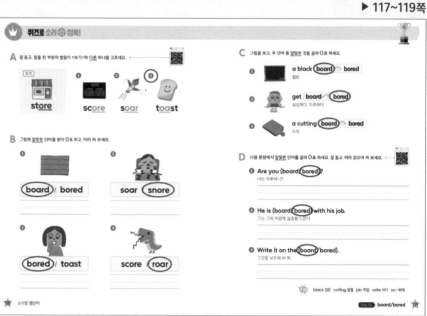

▶ 123~125쪽

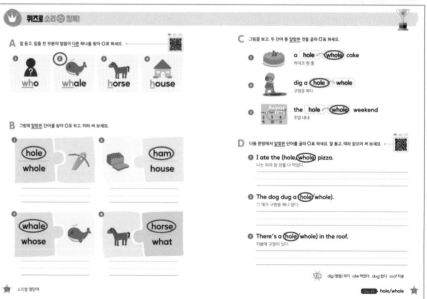

Day 27

▶ 127~129쪽

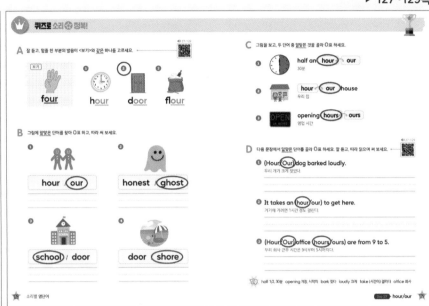

Day 28

▶ 131~133쪽

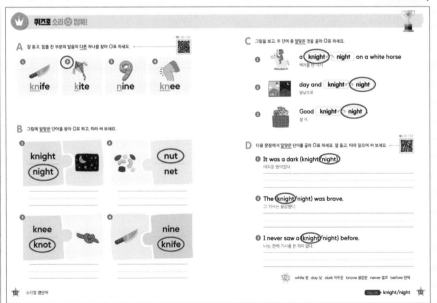

Day 29

▶ 135~137쪽

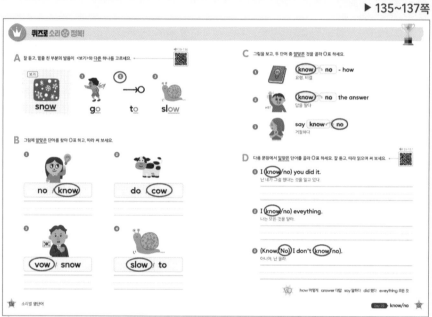

Day 30

▶ 139~141쪽

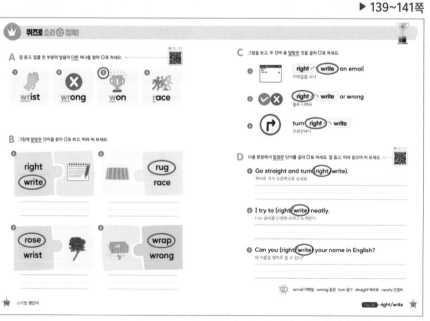

Quiz 01

Quiz 01 쉬면서 복습하는 소리★놀이터

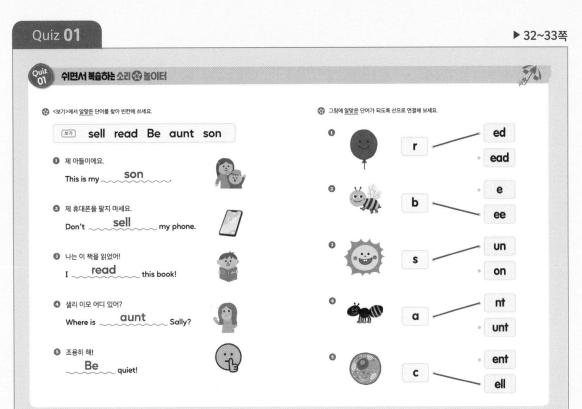

❄ <보기>에서 알맞은 단어를 찾아 빈칸에 쓰세요.

보기 sell read Be aunt son

① 제 아들이에요.
This is my ___son___ .

② 제 휴대폰을 팔지 마세요.
Don't ___sell___ my phone.

③ 나는 이 책을 읽었어!
I ___read___ this book!

④ 샐리 이모 어디 있어?
Where is ___aunt___ Sally?

⑤ 조용히 해!
___Be___ quiet!

❄ 그림에 알맞은 단어가 되도록 선으로 연결해 보세요.

① r — ed / ead
② b — e / ee
③ s — un / on
④ a — nt / unt
⑤ c — ent / ell

32 소리별 영단어

쉬면서 복습하는 소리별★놀이터 33

Quiz 02

Quiz 02 쉬면서 복습하는 소리★놀이터

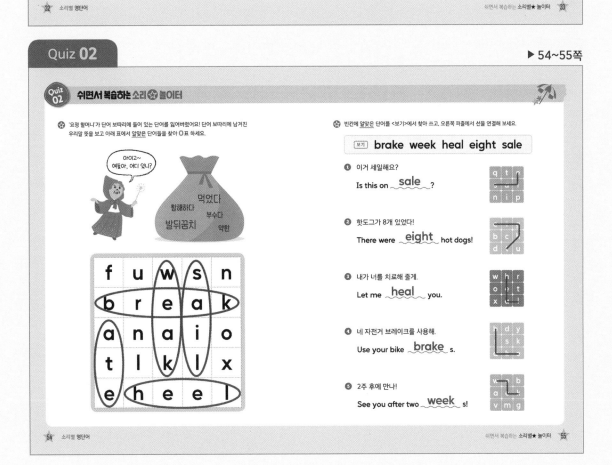

❄ '요정 할머니'가 단어 보따리에 들어 있는 단어를 잃어버렸어요! 단어 보따리에 남겨진 우리말 뜻을 보고 아래 표에서 알맞은 단어들을 찾아 ○표 하세요.

아이고~
애들아, 어디 있니?

먹었다
힘해하다 부수다
발뒤꿈치 약한

f u w s n
b r e a k
a n a i o
t l k l x
e h e e l

❄ 빈칸에 알맞은 단어를 <보기>에서 찾아 쓰고, 오른쪽 퍼즐에서 선을 연결해 보세요.

보기 brake week heal eight sale

① 이거 세일해요?
Is this on ___sale___ ?

② 핫도그가 8개 있었다!
There were ___eight___ hot dogs!

③ 내가 너를 치료해 줄게.
Let me ___heal___ you.

④ 네 자전거 브레이크를 사용해.
Use your bike ___brake___ s.

⑤ 2주 후에 만나!
See you after two ___week___ s!

54 소리별 영단어

쉬면서 복습하는 소리별★놀이터 55

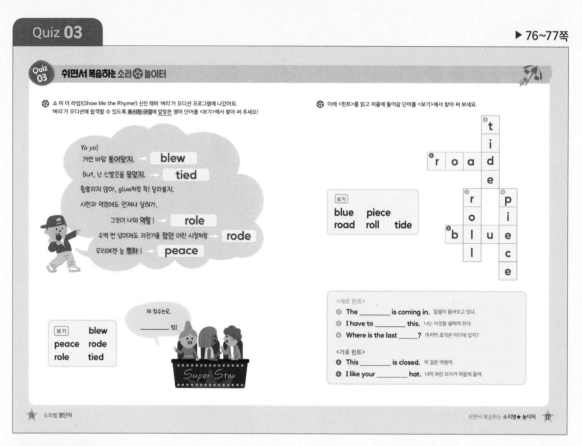

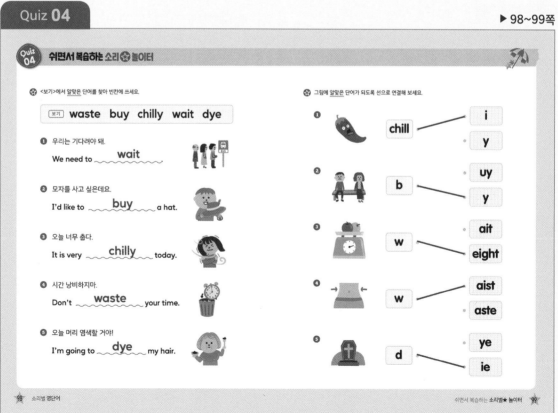

Quiz 05

▶ 120~121쪽

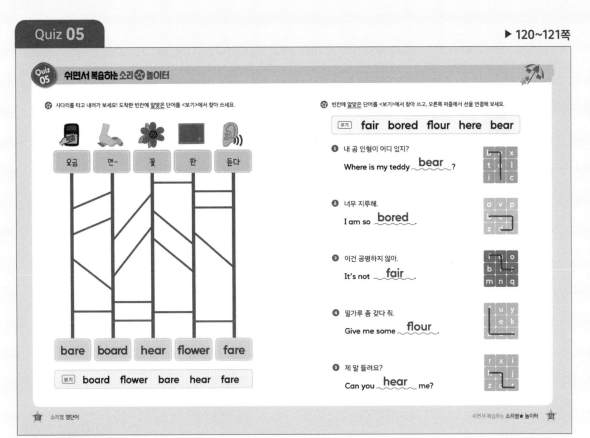

Quiz 05 쉬면서 복습하는 소리 ★ 놀이터

⚛ 사다리를 타고 내려가 보세요! 도착한 빈칸에 알맞은 단어를 <보기>에서 찾아 쓰세요.

| 요금 | 맨~ | 꽃 | 판 | 듣다 |

| bare | board | hear | flower | fare |

보기 board flower bare hear fare

⚛ 빈칸에 알맞은 단어를 <보기>에서 찾아 쓰고, 오른쪽 퍼즐에서 선을 연결해 보세요.

보기 fair bored flour here bear

❶ 내 곰 인형이 어디 있지?
Where is my teddy ___bear___?

❷ 너무 지루해.
I am so ___bored___.

❸ 이건 공평하지 않아.
It's not ___fair___.

❹ 밀가루 좀 갖다 줘.
Give me some ___flour___.

❺ 제 말 들려요?
Can you ___hear___ me?

Quiz 06

▶ 142~143쪽

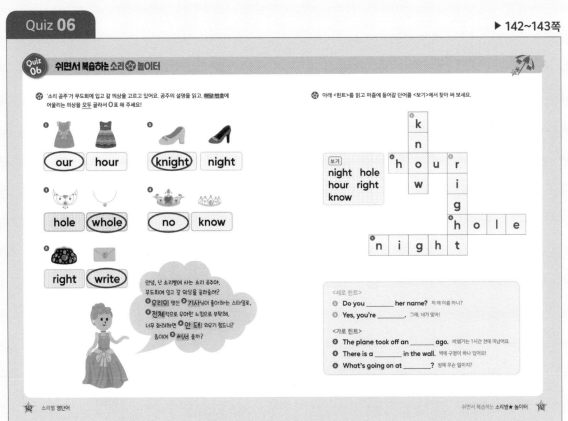

Quiz 06 쉬면서 복습하는 소리 ★ 놀이터

⚛ '소리 공주'가 무도회에 입고 갈 의상을 고르고 있어요. 공주의 설명을 읽고, 해당 번호에 어울리는 의상을 모두 골라서 O표 해 주세요!

❶ (our) hour   ❷ (knight) night

❸ hole (whole)   ❹ (no) know

❺ right (write)

안녕, 난 소리별에 사는 소리 공주야. 무도회에 입고 갈 의상을 골라줄래?
❶우리의 멋진 ❷기사님이 좋아하는 스타일로,
❸전체적으로 우아한 느낌으로 부탁해.
너무 화려하면 ❹안 돼! 왜요기 힘들니?
틈에 ❺써서 줄까?

⚛ 아래 <힌트>를 읽고 퍼즐에 들어갈 단어를 <보기>에서 찾아 써 보세요.

보기 night hole hour right know

<세로 힌트>
❶ Do you _____ her name? 재 애 이름 아니?
❺ Yes, you're _____. 그래, 네가 맞아!

<가로 힌트>
❷ The plane took off an _____ ago. 비행기는 1시간 전에 떠났어요.
❹ There is a _____ in the wall. 벽에 구멍이 하나 있어요!
❸ What's going on at _____? 밤에 무슨 일이지?

MEMO